BITCOIN PARA EL
INDIVIDUO SOBERANO

Protege Tu Riqueza del Robo y la Vigilancia

Una Guía Completa para el Uso Privado, Seguro y
Eficiente de Bitcoin

ADAM MERKLE

BITCOIN PARA EL INDIVIDUO SOBERANO: Protege Tu Riqueza del Robo y la Vigilancia

Toda la información, técnicas, ideas y conceptos contenidos en esta publicación son de carácter general y en ningún caso deben considerarse como asesoramiento individual. El objetivo es ofrecer una variedad de información para proporcionar un mayor rango de opciones ahora y en el futuro, reconociendo que todos tenemos circunstancias y puntos de vista muy diversos. Si algún lector decide hacer uso de la información aquí contenida, será bajo su propia decisión, y el autor no asume ninguna responsabilidad bajo ninguna condición o circunstancia.

Editor, Autor e Ilustraciones: Adam Merkle
Traducción: Isabel Martínez
Primera Edición 2024
ISBN: 979-8-3229049-6-0

Índice

BITCOIN PARA EL INDIVIDUO SOBERANO

PROTEGE TU RIQUEZA DEL ROBO Y LA VIGILANCIA

Una Guía Completa para el Uso Privado, Seguro y Eficiente de Bitcoin

Prólogo

Bienvenido a un viaje único a través de los entresijos de gestionar tu Bitcoin de manera segura, privada y eficiente. Este libro es la guía definitiva que has estado buscando, diseñada para guiarte desde los principios fundamentales hasta las estrategias más avanzadas en la gestión de Bitcoin. Está adaptada para asegurarte de que permanezcas tranquilo mientras aseguras lo que está destinado a convertirse en el principal activo del mundo en los años venideros.

Desde su creación en 2009, Bitcoin ha ido consolidando su confianza entre las masas. Sin embargo, no fue hasta 2024, con el advenimiento de la inversión institucional, que Bitcoin realmente ascendió como un activo de inversión a largo plazo para las instituciones financieras que están moldeando nuestro mundo. Quizás, hasta este momento, has dado poca importancia a la seguridad, privacidad y gestión eficiente de Bitcoin. Sin embargo, a medida que su valoración se acerque a la marca de $1M, estos aspectos se volverán imposibles de ignorar.

¿Por qué esperar a ese momento de pánico? El momento de fortalecer tus prácticas de gestión de Bitcoin es ahora, antes de que una pérdida o robo potenciales lo conviertan en un pensamiento tardío costoso. Este libro te proporciona los métodos más efectivos y las instrucciones paso a paso para proteger tu Bitcoin, permitiéndote mantener la máxima privacidad y anonimato mientras realizas transacciones de la manera más eficiente posible.

Vale la pena mencionar que este libro no trata sobre la tecnología blockchain, las criptomonedas o las teorías económicas y políticas que rodean a Bitcoin. Hay muchas publicaciones excelentes que cubren estos temas. En cambio, este libro sirve como un manual práctico, un manual que puedes llevar contigo y aplicar fácilmente para implementar todas las medidas necesarias para proteger tu preciado Bitcoin.

Estructurado en cuatro secciones críticas: fundamentos, anonimato, privacidad y eficiencia, esta guía es tu brújula en el universo Bitcoin.

Fundamentos

La base de una gestión segura de Bitcoin es entender sus fundamentos y mecánicas operacionales. Esta sección establece las prácticas de seguridad esenciales que todo Bitcoiner debería adoptar, proporcionándote el conocimiento fundamental necesario para los capítulos subsiguientes.

Anonimato

Aunque la cadena de bloques de Bitcoin es anónima, los niveles de privacidad de Bitcoin están inherentemente limitados. Una vez que has adquirido BTC a través de un intercambio que cumple con KYC, tus monedas quedan marcadas para siempre. Esta sección está dedicada a mantener tu anonimato y protegerte tanto de la intrusión del estado como de los hackers. Bitcoin, como activo inconfiscable, ofrece todas las ventajas del oro sin sus limitaciones. En este análisis, examinamos estrategias para operar de manera encubierta para proteger tus ahorros de la tributación y la incautación de activos por parte del estado, mitigando la efectividad de herramientas como Chainalysis.

Privacidad

La naturaleza transparente de Bitcoin significa que la privacidad no es algo dado. Esta sección discute cómo proteger tus transacciones y comunicaciones de los ojos curiosos.

Eficiencia

Una mala gestión de tu billetera de Bitcoin podría llevar a gastos futuros o a la incapacidad de utilizar tus fondos debido a tarifas de transacción excesivas. A medida que la red crece y las tarifas de transacción potencialmente aumentan, entender la mecánica de las billeteras de Bitcoin, los UTXOs, la Mempool y las tarifas de transacción se vuelve crucial. Esta sección te guía a través de la gestión de tu billetera de manera eficiente, asegurando que puedas realizar transacciones sin incurrir en costes innecesarios o comprometer tu seguridad.

El Viaje Estructurado a Través de Este Libro

Al comenzar este recorrido hacia tu soberanía financiera con la ayuda de este libro, es importante que lo hagas con intención y enfoque. Cada capítulo ha sido meticulosamente diseñado para construir sobre el anterior, superponiendo conocimientos e ideas para profundizar tu comprensión de Bitcoin. Esta estructura progresiva asegura que los conceptos fundamentales sean firmemente comprendidos antes de introducir temas y estrategias más complejas.

Así como un constructor debe primero establecer una base sólida antes de erigir las paredes y el techo, tú también debes solidificar tu comprensión de los fundamentos de Bitcoin antes de avanzar hacia las complejidades del anonimato, la privacidad y la eficiencia.

Al leer los capítulos en el orden dado, ganarás una progresión lógica de información que refleja el proceso de aprendizaje por el que todos pasamos al explorar el extenso y complejo reino de Bitcoin. Este enfoque metódico no solo mejorará tu comprensión, sino que también maximizará tu capacidad para aplicar lo que has aprendido en escenarios prácticos y reales. Así que, mientras pasas estas páginas, recuerda que cada una es un paso en un viaje que se vuelve más gratificante con cada nueva capa de conocimiento adquirido.

Tu Guía Integral hacia la Soberanía

Este libro es tu brújula en el universo en expansión de Bitcoin, guiándote a través de sus complejidades con claridad. Tanto si eres un recién llegado ansioso por explorar los fundamentos como un usuario experimentado que busca refinar tu comprensión de los aspectos más complejos de Bitcoin, encontrarás conocimiento valioso en estas páginas.

Emprende este recorrido a lo largo de los capítulos de este libro para proteger no solo tu futuro financiero, sino también un mañana en el que tu riqueza sea verdaderamente tuya, a salvo del robo, la pérdida y la intromisión de amenazas externas.

Orden Ejecutiva 6102

En la historia económica, hay pocos eventos que muestren tan claramente el poder del gobierno como la Orden Ejecutiva 6102. Emitida en 1933 por el gobierno de los Estados Unidos, este decreto obligó a todos los ciudadanos a entregar sus posesiones de oro al estado. Este acto no fue simplemente una decisión aleatoria tomada por un gobierno excesivamente entusiasta, sino más bien un ejemplo perturbador de cuánto control tienen los estados sobre las posesiones individuales.

A nivel mundial, los gobiernos se reservan el derecho de confiscar propiedad privada en circunstancias extraordinarias o para saldar deudas tributarias pendientes.

Este telón de fondo establece el escenario para la emergencia revolucionaria de Bitcoin, la única clase de activo que desafía inherentemente la confiscación, encarnando la forma definitiva de soberanía financiera. Sin embargo, el camino para mantener esta soberanía está plagado de desafíos. La vigilancia y la gestión astuta son imperativas para proteger tu Bitcoin tanto de actores estatales como de entidades malévolas.

La posibilidad de que se confisquen propiedades privadas durante guerras o emergencias es un poderoso recordatorio de cómo los activos tradicionales pueden estar expuestos y ser vulnerables. Sin embargo, Bitcoin ofrece una forma de liberación sin precedentes. Con Bitcoin, puedes recorrer el mundo llevando tu riqueza sin la obligación de revelar o justificar su origen a ninguna autoridad.

A medida que las naciones continúan cayendo en deudas y los bancos centrales persisten en la impresión descontrolada de moneda fiat, el tejido del sistema financiero se tensa bajo la presión. La eventual ruptura de este sistema podría precipitarse a través de la guerra o un intento desesperado por parte de los estados para anular sus deudas mediante la incautación de activos privados.

El sector bancario, guardián del orden financiero tradicional, observa la migración del fiat a Bitcoin con desdén, ya que erosiona sus balances. De manera similar, la incapacidad del estado para confiscar Bitcoin o imponer impuestos sobre su valor y herencia presenta un desafío directo a su autoridad fiscal.

La inevitable confrontación se avecina a medida que los estados, impulsados por necesidades fiscales insaciables, pueden apuntar a Bitcoin. Los primeros ataques probablemente se centrarán en plataformas como Coinbase o Binance, y luego pasarán a los ETFs y eventualmente a los inversores individuales.

En este libro, presento una guía completa para navegar estas aguas turbulentas, asegurando la seguridad y el crecimiento de tu futuro financiero y el de tu descendencia. Cubro todos los aspectos de la adquisición, almacenamiento seguro y despliegue sabio de Bitcoin para empoderarte con el conocimiento para afirmar tu independencia financiera.

Bienvenido a un viaje hacia la soberanía financiera inquebrantable, un viaje donde Bitcoin ilumina el camino.

FUNDAMENTOS
PARTE I

BITCOIN PARA EL INDIVIDUO SOBERANO

Protege tu Riqueza del Robo y la Vigilancia

CAPÍTULO 1

Conceptos Básicos

Para comenzar tu viaje con Bitcoin, necesitas tener un sólido entendimiento de sus elementos fundamentales. Este capítulo sirve como tu introducción a los conceptos esenciales necesarios para comprar, almacenar y gastar Bitcoin de manera efectiva.

Considera este capítulo como tu glosario, una caja de herramientas que te empodera para navegar por el ecosistema de Bitcoin con confianza. Aquí, desglosamos la terminología y los mecanismos que forman la base de las transacciones y la seguridad de Bitcoin. Entender estos elementos es esencial para cualquier persona que busque gestionar su Bitcoin de manera segura y eficiente.

Descripciones de Conceptos

Billetera

Tu billetera de Bitcoin es esencialmente tu puerta de entrada a la red de Bitcoin. Es una herramienta digital que te permite enviar, recibir y gestionar tu Bitcoin. Piensa en ella como tu aplicación de banca por Internet, pero para Bitcoin. Puede ser basada en hardware (como un dispositivo USB) o basada en software (como una aplicación en tu teléfono).

Dirección

Una dirección de Bitcoin es similar a una dirección de correo electrónico o un número de cuenta bancaria, pero para transacciones de Bitcoin. Es una cadena de caracteres alfanuméricos que representa el destino para un pago de Bitcoin. Cada dirección es única y puede ser compartida públicamente para recibir Bitcoin.

Frase Semilla

Una frase semilla, o frase de recuperación, es una lista de palabras generada por tu billetera de Bitcoin. Actúa como una llave maestra para acceder a tus fondos, convirtiéndola en la pieza de información más crítica para tu seguridad en Bitcoin. Si pierdes acceso a tu billetera, tu frase semilla es tu única línea de vida para recuperar tus fondos.

Frase Semilla Nemotécnica

A menudo utilizada indistintamente con "frase semilla," una frase semilla mnemónica es específicamente una secuencia de palabras generadas a partir de una lista predeterminada definida en el estándar BIP39. Esto facilita recordar y transcribir tu respaldo y lo hace menos propenso a errores.

Clave Privada

La clave privada es un código digital seguro conocido solo por ti y tu billetera. Se utiliza para firmar transacciones, proporcionando una prueba matemática de que la transacción proviene del dueño de la billetera. Tu clave privada es lo que mantiene seguro tu Bitcoin; si alguien más la obtiene, pueden gastar tu Bitcoin.

Clave Pública

Derivada de tu clave privada, la clave pública es de lo que se crea tu dirección de Bitcoin. A diferencia de la clave privada, la clave pública y la dirección de Bitcoin derivada de ella pueden ser compartidas con otros para recibir Bitcoin sin comprometer la seguridad de tus fondos.

Passphrase

Una capa adicional de seguridad, una frase de paso (passphrase en inglés) es una contraseña opcional que puede ser utilizada en conjunto con tu frase semilla para acceder a tu billetera de Bitcoin. Actúa como una 25ª palabra o una capa de seguridad adicional para tu frase semilla, haciendo tu billetera aún más segura contra el robo o la pérdida.

Transacción

Las transacciones son la acción esencial en la red de Bitcoin, permitiendo la transferencia y redistribución de Bitcoin en todo el mundo, sirviendo como el mecanismo fundamental para usar y mover Bitcoin.

En su esencia, una transacción de Bitcoin es una transferencia de valor entre billeteras de Bitcoin que se incluye en la cadena de bloques. Las billeteras de Bitcoin mantienen la clave privada, que se utiliza para firmar transacciones, proporcionando una prueba matemática de que provienen del dueño de la billetera. La firma también impide que la transacción sea alterada por alguien una vez que ha sido emitida.

Todas las transacciones se transmiten a la red y generalmente comienzan a ser confirmadas en 10-20 minutos a través de un proceso llamado minería. Una transacción típicamente referencia salidas de transacciones anteriores como nuevas entradas de transacción y dedica todos los valores de Bitcoin de entrada a nuevas salidas.

UTXO

UTXO (*Unspent Transaction Output*) significa Output de Transacción No Gastado. Es básicamente la cantidad de Bitcoin restante de una transacción que se puede gastar en futuras transacciones. El saldo de tu billetera es una suma de todos los UTXOs que puedes gastar. Entender los UTXOs es crucial para la gestión eficiente de transacciones de Bitcoin, ya que afecta las tarifas de transacción y la privacidad.

Mempool

La Mempool[1], abreviatura de Memory Pool, es un componente crítico de la red de Bitcoin, actuando como un área de espera para todas las transacciones no confirmadas que esperan ser añadidas a la cadena de bloques. Cuando una transacción se transmite a la red, primero entra en la Mempool, donde permanece hasta que un minero la selecciona para ser incluida en el próximo bloque. El tamaño de la Mempool fluctúa basado en el volumen de transacciones enviadas y la capacidad de los bloques recientes para incluirlas.

Entender la Mempool es esencial para comprender cómo se procesan las transacciones de Bitcoin y por qué las tarifas de transacción pueden variar significativamente. Un Mempool lleno conduce a tarifas de transacción más altas, ya que los usuarios compiten para tener sus transacciones incluidas en el próximo bloque, mientras que una Mempool menos llena puede resultar en tarifas más bajas.

Resumen

En este capítulo, hemos establecido la base al presentarte a los conceptos básicos pero esenciales de Bitcoin. Desde la billetera digital que alberga tu Bitcoin hasta las direcciones y claves que lo aseguran, entender estos términos es fundamental para cualquier persona que interactúe con Bitcoin. La frase semilla y la frase de pase son tus últimas líneas de defensa en asegurar tus activos, mientras que el concepto de UTXOs sustenta cómo funcionan las transacciones y cómo se determina el saldo de tu billetera.

A medida que avanzamos en el libro, estos conceptos serán los bloques de construcción sobre los cuales desarrollaremos estrategias más avanzadas para gestionar tu Bitcoin de manera segura y eficiente.

CAPÍTULO 2

Comprar Bitcoin

En el mundo de Bitcoin, hay tres actividades principales en las que puedes participar: comprar, almacenar y gastar. Este capítulo, junto con los siguientes dos, profundizará en estas actividades, ofreciendo consejos esenciales para cualquiera involucrado con Bitcoin. El enfoque aquí está en el primer paso: comprar Bitcoin. Esta fase implica el intercambio de moneda fiduciaria u otro activo por Bitcoin.

Vamos a explorar los diversos métodos para hacer este intercambio, cada uno con sus propias consideraciones respecto a la privacidad, seguridad y facilidad de uso:

- **Intercambios (*Exchanges*)**: Plataformas como Binance o Coinbase son lugares donde puedes intercambiar moneda fiduciaria u otras criptomonedas por Bitcoin. El principal problema con la mayoría de los *exchanges* es la necesidad de verificar la identidad a través de los protocolos de Conozca a Su Cliente (KYC). Esto podría ser una preocupación para aquellos que buscan anonimato.

- **Swaps**: Servicios en línea como FixedFloat[2] o SimpleSwap[3] permiten el intercambio de criptomonedas por Bitcoin. Comúnmente, los usuarios intercambian *stablecoins* por Bitcoin en estas plataformas. Los swaps generalmente no requieren KYC a menos que se utilicen para comprar criptomonedas, aunque tienden a tener tarifas más altas que los *exchanges*.

- **Peer-to-peer (P2P)**: Plataformas como Bisq[4] o Hodl Hodl[5] facilitan el intercambio directo de fiat o criptomonedas entre usuarios en línea, sin la necesidad de un intermediario. Si bien ofrecen el mayor nivel de anonimato, este método también viene con tarifas de transacción más altas.

- **Transacciones personales**: Posiblemente el método más seguro para comprar Bitcoin es en persona. Puedes conocer a alguien dispuesto a vender Bitcoin, realizar la transacción cara a cara mientras disfrutas de un café, intercambiando Bitcoin por efectivo. Otro método personal, pero solo aconsejable con alguien de confianza, implica intercambiar *stablecoins* en línea por Bitcoin. La clave aquí es realizar transacciones directas, basadas en la confianza y sin la intervención de terceros.

Anonimizando tu Bitcoin

Si te preocupa que en el futuro puedan confiscarte tus bitcoin o que un hacker logre robarlos, anonimizar tus fondos es un paso clave. No es complicado, pero sí requiere atención: un descuido —como asociar tu identidad a una dirección o mezclar monedas ya expuestas— puede echarlo todo a perder. Hecho correctamente, este proceso convierte tus bitcoin en algo que solo tú puedes rastrear, reforzando tu privacidad y seguridad.

Resumen

Este capítulo ha delineado el conocimiento fundamental necesario para comprar Bitcoin, presentando varios métodos adaptados a diferentes preferencias y necesidades de seguridad. Desde *exchanges* y *swaps* hasta transacciones *peer-to-peer* y personales, cada opción ofrece ventajas únicas y consideraciones, especialmente en cuanto a anonimato y seguridad.

Además, discutimos la importancia de la anonimización de Bitcoin, un paso crítico para aquellos que priorizan la privacidad y apuntan a proteger sus activos de amenazas potenciales.

A medida que avanzas, recuerda que la elección del método de compra puede impactar significativamente tu viaje con Bitcoin, moldeando el nivel de seguridad y anonimato que logras.

CAPÍTULO 3

Almacenar Bitcoin

El acto de almacenar Bitcoin es fundamental para garantizar la seguridad y la soberanía de tus activos digitales. A diferencia de la moneda tradicional, los mecanismos de almacenamiento de Bitcoin son únicos. Técnicamente, Bitcoin en sí no se almacena en una billetera; las billeteras proporcionan acceso al Bitcoin asignado a direcciones específicas en la cadena de bloques de Bitcoin, probando la propiedad sin posesión física.

Vamos a profundizar en las diferentes opciones de almacenamiento disponibles, delineando sus características, riesgos y las mejores prácticas para asegurar tu Bitcoin de manera efectiva.

- *Exchange*: Usar un *exchange* como opción de almacenamiento debe evitarse. Después de comprar, debes transferir tu Bitcoin a una billetera personal de inmediato. Para pequeñas cantidades, puede ser temporalmente permisible mantenerlas en un *exchange* hasta que acumules suficiente para justificar una transferencia consolidada. Este enfoque puede minimizar las tarifas pero aumenta el riesgo. Muchos han perdido su Bitcoin al dejarlo en *exchanges* debido a *hacks* o fallos operativos. Por lo tanto, minimiza la duración de la estadía de tu Bitcoin en un *exchange*.

- **Billetera Caliente (*Hot Wallet*)**: Las billeteras calientes son billeteras basadas en software accesibles a través de un navegador web, escritorio o dispositivo móvil. La principal distinción de una billetera fría (*cold wallet*) radica en la firma de transacciones, que ocurre dentro de la aplicación para billeteras calientes. Dado que viven en dispositivos conectados a Internet, son más susceptibles a *hacks* y accesos no autorizados. Sparrow Wallet[6] es una de las billeteras calientes más recomendadas para Bitcoin debido a sus robustas características de seguridad y su conectividad con billeteras frías.

- **Billetera Fría (*Cold Wallet*)**: Las billeteras frías se refieren a dispositivos físicos utilizados para firmar transacciones de Bitcoin, mejorando la seguridad al aislar el proceso de firma de entornos conectados a Internet. Algunas, como BitBox[7] y Ledger[8], vienen con aplicaciones propietarias, pero también pueden interactuar con billeteras calientes como Sparrow Wallet. Las opciones más seguras son las billeteras frías desconectadas (*air-gapped*), como Coldcard[9], que no requieren conexión directa a una computadora mediante USB, WiFi o Bluetooth.

Buenas Prácticas para Almacenar Bitcoin

Para una seguridad óptima, se recomienda utilizar exclusivamente una billetera fría de Bitcoin para el almacenamiento a largo plazo. Las billeteras calientes deben servir meramente como intermediarias para recibir Bitcoin de compras o retiros y para enviar Bitcoin para gastos o transferencias. No son adecuadas para almacenamiento a largo plazo.

Esta estratificación del uso de billeteras asegura que tu Bitcoin permanezca seguro contra amenazas en línea mientras mantiene la conveniencia para transacciones.

Resumen

Este capítulo ha delineado las consideraciones esenciales para almacenar Bitcoin, destacando la distinción crítica entre soluciones de almacenamiento caliente y frío.

Mientras que los *exchanges* ofrecen conveniencia para el comercio, presentan riesgos significativos para el almacenamiento a largo plazo.

Las billeteras calientes, al ser basadas en software, ofrecen más accesibilidad, pero vienen con riesgos de seguridad aumentados. Las billeteras frías, por otro lado, proporcionan el nivel más alto de seguridad al aislar físicamente tu Bitcoin de vulnerabilidades en línea.

Entender estas opciones de almacenamiento y emplear las mejores prácticas son pasos cruciales para salvaguardar tu Bitcoin contra pérdida o robo, asegurando que tus activos digitales permanezcan seguros y bajo tu control.

CAPÍTULO 4

Gastar Bitcoin

Gastar Bitcoin puede implicar comprar servicios, cambiarlo por moneda fiduciaria, o transferirlo a otra billetera o *exchange*. Esta acción involucra la creación de una transacción y su difusión en la cadena de bloques.

Comprender las implicancias de las transacciones de Bitcoin, incluyendo las tarifas y la estructura de las transacciones, es fundamental para la gestión eficiente y rentable de Bitcoin. Este capítulo explora las complejidades del uso de Bitcoin, proporcionando orientación sobre cómo ejecutar transacciones cuidadosamente.

Entendiendo las Transacciones de Bitcoin

Conceptos Básicos

Cada transacción de Bitcoin debe tener al menos dos salidas: la cantidad enviada y las tarifas de la transacción para el minero que la incluye en la cadena de bloques. Este sistema asegura que los mineros sean compensados por sus esfuerzos en mantener la red.

Costes de las Transacciones

A diferencia de los sistemas financieros convencionales donde las tarifas son proporcionales a la cantidad enviada, las tarifas de las transacciones de Bitcoin dependen del tamaño de la transacción en bytes. Este tamaño es determinado por el número de entradas y salidas involucradas en la transacción, así como los satoshis por byte (sat/vB) ofrecidos a los mineros como tarifa. Cuanto mayor sea la tarifa que estés dispuesto a pagar, más rápido es probable que se procese tu transacción.

Entendiendo las Tarifas

Las tarifas de las transacciones se expresan en *satoshis* por vByte (sats/vB), reflejando la cantidad de *satoshis* pagados por vByte de datos de la transacción. Por ejemplo, una transacción de 1300 bytes a una tarifa de 50 sats/vB costaría 65,000 *satoshis* (0.00065000 BTC). Es esencial saber que El tamaño mínimo de una transacción sencilla (SegWit, 1 entrada y 1 salida) es de 141 vBytes. A una tarifa de 10 sats/vB, supondría una comisión de aproximadamente 1,410 satoshis.

Temporizando tus Transacciones

Si tu transacción no es sensible al tiempo, puedes ahorrar en tarifas esperando un período cuando la Mempool, el grupo de transacciones no confirmadas, esté menos congestionado. Este enfoque puede conducir a tarifas más bajas, ya que la competencia por el espacio en el bloque disminuye.

Estableciendo las Tarifas de las Transacciones

La mayoría de las billeteras de Bitcoin permiten a los usuarios determinar manualmente las tarifas de las transacciones que están dispuestos a pagar, ofreciendo un equilibrio entre velocidad y coste. Esta característica permite a los usuarios tomar decisiones informadas basadas en su urgencia y el estado actual de la red.

Resumen

En este capítulo has aprendido cómo se gasta Bitcoin: desde cómo se construyen las transacciones hasta cómo puedes ajustar las tarifas para pagar menos o confirmar más rápido. Saber mover tus sats con intención es clave si piensas usarlos para enviar, intercambiar o pagar.

Si entiendes cómo influye el tamaño de la transacción, la congestión de la red y el momento en que la envías, puedes gastar con eficiencia, sin sorpresas ni costes innecesarios.

CAPÍTULO 5

Monedas de Bitcoin (UTXOs)

Entender el concepto de Salidas de Transacción No Gastadas (UTXOs) es crítico para cualquiera que busque dominar el uso y la gestión de Bitcoin, particularmente en la aplicación de técnicas de anonimización cubiertas más adelante en este libro.

Los UTXOs yacen en el corazón de cómo funcionan las transacciones de Bitcoin, representando la unidad fundamental de la moneda de Bitcoin de una manera que es marcadamente diferente a los sistemas de moneda fiduciaria tradicionales.

Este capítulo proporciona un análisis en profundidad del modelo UTXO, resaltando su importancia y su papel en la determinación de la funcionalidad de las billeteras de Bitcoin.

Entendiendo los UTXOs

Podemos pensar en los UTXOs como piezas individuales de Bitcoin, similares a monedas en una bolsa, cada una con su propia historia y valor visible en la cadena de bloques. A diferencia de una cuenta bancaria, que simplemente rastrea un saldo total sin preocuparse por el origen o la historia de cada unidad de moneda, las transacciones de Bitcoin operan generando nuevas "monedas" o UTXOs con cada transacción.

Por ejemplo, imagina ir a un orfebre con cuatro monedas de oro de un cuarto de onza, pidiendo cambiarlas por una sola moneda de una onza. La cadena de bloques registra que alguien creó la moneda de una onza a partir de cuatro monedas de un cuarto de onza y la envió a una nueva dirección. Esta analogía ayuda a ilustrar cómo funcionan los UTXOs: no son simplemente entradas en un libro de contabilidad, sino que representan piezas discretas y rastreables de valor que se crean y destruyen con cada transacción.

Un aspecto crítico para mantener la privacidad y la seguridad en las transacciones de Bitcoin es la recomendación contra la reutilización de direcciones de Bitcoin. Idealmente, cada dirección de Bitcoin debe contener un solo UTXO.

Una transacción en la red de Bitcoin comienza y termina con UTXOs. Cuando un usuario inicia una transacción, usa UTXOs como entradas, demostrando la propiedad con su firma digital. Estas entradas se transforman en salidas, que se convierten en los nuevos UTXOs para transacciones futuras. Es un ciclo de gastar y crear UTXOs que asegura el flujo continuo de Bitcoin entre los usuarios.

Consideremos un ejemplo: Alice tiene 0.45 BTC en su billetera, compuesta por dos UTXOs: uno de 0.4 BTC y otro de 0.05 BTC. Para realizar un pago de 0.3 BTC a Bob, la billetera de Alice selecciona el UTXO de 0.4 BTC como entrada, enviando 0.3 BTC a Bob y devolviendo los 0.1 BTC restantes (menos las tarifas de transacción) a ella misma como un nuevo UTXO en una nueva dirección.

Este proceso muestra la flexibilidad del modelo UTXO en la combinación y ruptura de unidades de valor para facilitar transacciones.

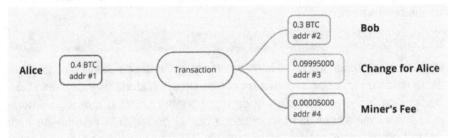

El modelo UTXO es un concepto fundamental en Bitcoin, actuando como el método del protocolo para rastrear la propiedad y el flujo de monedas. Se asemeja a escribir y cobrar cheques, donde cada UTXO designa un destinatario (o su dirección pública) y requiere ser gastado en su totalidad. Esto causa la generación de nuevos UTXOs como "cambio" para transacciones que no coinciden exactamente con el valor de las entradas.

Entender los UTXOs es esencial para gestionar eficazmente las transacciones de Bitcoin, particularmente en asegurar la privacidad y optimizar las tarifas de transacción.

Este capítulo ha sentado las bases para apreciar cómo están estructuradas las transacciones de Bitcoin y por qué difieren significativamente de las transacciones bancarias tradicionales.

CAPÍTULO 6

Billeteras

Un aspecto fundamental de la interacción con Bitcoin implica comprender los diferentes tipos de billeteras y el papel crítico de las frases semilla en asegurar tus activos digitales.

Este capítulo explora las particularidades de las billeteras de Bitcoin, las frases semilla, la diferenciación entre billeteras calientes y frías, y la seguridad mejorada proporcionada por las contraseñas.

Una vez entiendas estas ideas, tendrás el conocimiento para seleccionar la solución de almacenamiento adecuada para tus necesidades y asegurar tu Bitcoin efectivamente.

Frase Semilla

Al crear una billetera de Bitcoin, se te proporciona una frase semilla mnemotécnica, que es una secuencia de 12 o 24 palabras aleatorias. Esta frase semilla es necesaria para recuperar una billetera perdida o dañada, actuando como la llave maestra para tus activos digitales.

Es imperativo almacenar tu frase semilla de manera segura y en un formato no digital para prevenir el acceso no autorizado. Dividir la frase semilla entre dos ubicaciones seguras puede mejorar la seguridad, asegurando que el acceso a una parte no comprometa tu billetera completa.

Tipos de Billeteras

Billeteras Calientes

Estas son billeteras digitales que operan en dispositivos conectados a internet, como computadoras y smartphones. Mientras son convenientes para transacciones frecuentes, su naturaleza en línea las hace más vulnerables a ataques.

Las billeteras calientes deberían usarse para gastos frecuentes y pequeñas cantidades, sirviendo como solución de almacenamiento temporal.

Billeteras calientes renombradas incluyen Sparrow Wallet, BlueWallet, Electrum, Zeus, o Nunchuk conocidas por sus robustas características de seguridad.

Billeteras Frías

Para el almacenamiento a largo plazo de cantidades significativas de Bitcoin, las billeteras frías son la opción adecuada. Estos son dispositivos físicos que no están conectados a internet, mitigando muchos de los riesgos asociados con intentos de hacking en línea.

Las billeteras frías almacenan las claves privadas fuera de línea, haciendo posible las transacciones solo cuando el dispositivo está conectado a una computadora o dispositivo móvil.

Ejemplos líderes incluyen Coldcard y BitBox, que pueden usarse con billeteras calientes como Sparrow Wallet para una seguridad mejorada.

Es crucial comprar billeteras frías directamente del fabricante y examinar el paquete al recibirlo para detectar señales de manipulación. Siempre reinicia el dispositivo a los ajustes de fábrica antes de usarlo.

Billeteras Frías

Para el almacenamiento a largo plazo y una seguridad mejorada, las billeteras frías son la opción preferida sobre las billeteras calientes. Las billeteras calientes son adecuadas para el almacenamiento temporal o para realizar operaciones de anonimización de Bitcoin con herramientas como Sparrow Wallet.

Aquí están las prácticas y consideraciones clave para el uso de billeteras frías.

Incorporando estas recomendaciones detalladas y prácticas en tu enfoque para la gestión de billeteras de Bitcoin puede mejorar significativamente la seguridad de tus activos digitales, proporcionando tranquilidad y una defensa robusta contra posibles amenazas.

Software de Proveedor

Cuando uses tu billetera fría con software oficial como Ledger Live o BitBox, o una billetera caliente compatible como Sparrow Wallet, tu clave pública y el historial de transacciones, incluyendo tus UTXOs, son accesibles a través de la aplicación.

Sin embargo, la firma de transacciones para hacer pagos requiere la clave privada, que está almacenada de manera segura en el dispositivo físico.

Para garantizar la seguridad, es recomendable no usar software de proveedor si es posible y en su lugar conectar tu billetera fría a una billetera caliente de confianza como Sparrow.

Compra y Configuración

- **Compras Directas:** Siempre compra tu billetera fría directamente del sitio web del fabricante para evitar el riesgo de manipulación. Evita comprar en plataformas de comercio electrónico de terceros como Amazon.
- **Inspección al Recibir:** Revisa cuidadosamente el paquete por cualquier señal de manipulación cuando recibas tu billetera fría.
- **Restablecimiento del Dispositivo:** Antes de usar el dispositivo, restablécelo a los ajustes de fábrica y luego crea una nueva billetera. Esto asegura que tu dispositivo esté seguro y libre de cualquier vulnerabilidad preexistente.
- **No confíes, verifica:** Antes de transferir una gran cantidad de Bitcoin a tu billetera fría, es importante verificar tu frase semilla de recuperación. Para lograrlo, transfiere una pequeña cantidad de Bitcoin a tu billetera, restablécela y luego restáurala usando la frase semilla.

Uso de Múltiples Proveedores

Si bien confiar en una sola billetera fría para la seguridad de Bitcoin es considerablemente más seguro que otras opciones, todavía presenta el inconveniente de ser un único punto de fallo. Para mitigar aún más los riesgos y asegurar un nivel más alto de seguridad, recomiendo diversificar tu almacenamiento en billeteras frías a través de múltiples dispositivos de diferentes proveedores.

Esta estrategia no surge de la desconfianza hacia algún fabricante en particular, sino que es un enfoque práctico para proteger tus inversiones contra una gama de complicaciones imprevistas.

Exploramos por qué este enfoque diversificado es útil:

1. **Vulnerabilidades Específicas del Proveedor**: Aunque las billeteras frías están diseñadas con robustas características de seguridad, ninguna tecnología es infalible. Los fabricantes pueden tener

vulnerabilidades únicas o errores. Distribuir tu Bitcoin entre billeteras de diferentes proveedores minimiza el riesgo de que un solo exploit pueda comprometer todos tus fondos.

2. **Fallo del Hardware**: Los dispositivos electrónicos pueden fallar debido a defectos de fabricación, desgaste o daños externos. Si todos tus bitcoins están almacenados en un solo dispositivo, un fallo de hardware podría dificultar el acceso a tus fondos hasta que se resuelva. Múltiples billeteras aseguran que todavía puedas acceder a una parte de tus fondos en caso de que un dispositivo falle.

3. **Actualizaciones de Software y Compatibilidad**: Los fabricantes de billeteras actualizan periódicamente el software, que a veces puede introducir errores o problemas de compatibilidad. Tener múltiples billeteras frías puede actuar como una protección contra estar bloqueado fuera de tus fondos debido a una actualización problemática.

4. **Distribución Geográfica**: Almacenar diferentes billeteras frías en varias ubicaciones añade una capa adicional de seguridad. En caso de una amenaza física o desastre natural que afecte a una ubicación, no todos tus activos estarán en riesgo.

5. **Planificación de la Herencia**: Usar múltiples billeteras frías permite una distribución más fácil de tus activos entre los herederos o dentro de un plan de herencia. Simplifica el proceso de asignar partes específicas de tu riqueza sin necesidad de redistribuir los fondos más tarde.

6. **Adaptación al Progreso Tecnológico**: El panorama de las criptomonedas está evolucionando rápidamente, y mantenerse diversificado a través de múltiples billeteras de hardware puede proporcionar flexibilidad para adaptarse a nuevos estándares de seguridad o aprovechar tecnologías emergentes.

Aunque gestionar múltiples carteras frías requiere mayor organización y disciplina, las capas adicionales de seguridad y mitigación de riesgos que ofrecen son invaluables.

Combinar esta estrategia con un conocimiento profundo de los procedimientos operativos y las funciones de seguridad de cada dispositivo proporciona una base sólida para proteger tus inversiones en Bitcoin en el dinámico y cambiante mundo de los activos digitales.

La frase semilla es la llave maestra de tu billetera de Bitcoin, y representa la esencia de la seguridad de tus activos digitales. Aquí hay algunas pautas fundamentales para asegurarte de que esta información crítica esté protegida de manera efectiva:

- **Almacenamiento No Digital**: Tu frase semilla debe permanecer estrictamente fuera de línea. Nunca tomes una foto, captura de pantalla, o la almacenes digitalmente en tu dispositivo móvil, computadora o servicios en la nube. El ámbito digital es propenso a ataques y accesos no autorizados, por lo que el almacenamiento físico, no digital, es la opción más segura para tu frase semilla.

- **Ubicaciones Seguras**: Almacena tu frase semilla en una ubicación segura dentro de tu hogar o en la casa de un familiar de confianza. Considera utilizar una caja fuerte u otro método de almacenamiento seguro que proteja contra el robo, incendios y daños por agua. Para una seguridad adicional, puedes dividir tu frase semilla en dos partes, almacenando cada mitad en diferentes lugares. De esta manera, incluso si alguien accede a una parte de tu frase semilla, aún le faltaría la información completa necesaria para acceder a tu billetera.

- **Uso Operacional**: Es importante recordar que la frase semilla está destinada únicamente para la recuperación de la billetera y no para operaciones regulares. Para realizar transacciones, todo lo que necesitas es acceder a tu billetera a través del dispositivo designado.

- **Nunca Compartas Tu Frase Semilla**: Bajo ninguna circunstancia debes compartir tu frase semilla con alguien. Las únicas personas que podrían pedirte tu frase semilla son hackers y estafadores que intentan robar tus activos. Los servicios legítimos y los proveedores de billeteras nunca solicitarán esta información.

- **Reutilización de Direcciones**: Evita reutilizar direcciones de Bitcoin. Esta práctica mejora tu privacidad y seguridad al dificultar que los observadores asocien las transacciones con tu identidad. Las billeteras frías generan automáticamente nuevas direcciones para cada transacción, proporcionando una seguridad óptima en este sentido. Aunque la mayoría de las billeteras calientes pueden no ofrecer esta característica, es una buena práctica siempre recibir Bitcoin en una nueva dirección dentro de tu billetera.

Siguiendo estas recomendaciones, puedes mejorar significativamente la seguridad de tu billetera de Bitcoin, asegurando que tus activos digitales estén protegidos contra el acceso no autorizado y el robo. Recuerda, la responsabilidad de salvaguardar tu frase semilla y, por extensión, tu Bitcoin, recae únicamente en ti.

Passphrase

Agregar una *passphrase* a tu billetera introduce una capa adicional de seguridad. Esta característica opcional te permite crear una contraseña única que funciona junto con tu frase semilla, generando un conjunto completamente único de direcciones de billetera.

Esto es útil para crear billeteras ocultas dentro de tu dispositivo, ofreciendo protección contra amenazas físicas al permitirte mantener billeteras con diferentes propósitos o niveles de fondos. Sin embargo, es esencial memorizar o almacenar de manera segura la frase de contraseña porque perderla podría llevar a perder el acceso a la billetera asociada con ella.

Multisignature (Multisig)

Un método cada vez más popular para mejorar la seguridad de los fondos en Bitcoin es el uso de billeteras multifirma, o *multisig*.

Las billeteras *multisig* requieren la aprobación de múltiples claves privadas para autorizar una transacción de Bitcoin, aumentando significativamente la seguridad al distribuir el riesgo entre varios dispositivos o partes.

Cómo Funciona Multisig

Un arreglo de billetera *multisig* podría requerir, por ejemplo, dos de tres o tres de cinco firmantes para estar de acuerdo en una transacción antes de que pueda ejecutarse. Esto significa que si configuras una billetera *multisig* 2-de-3, necesitas dos de las tres claves privadas designadas para aprobar cualquier transacción.

Este arreglo protege contra el robo, ya que un actor malicioso necesitaría comprometer más de una clave privada para acceder a los fondos.

Aplicaciones de Billeteras Multisig

1. **Seguridad Mejorada:** El uso de múltiples claves para autorización en billeteras *multisig* es una medida de seguridad efectiva que aumenta la dificultad para que los usuarios no autorizados accedan a los fondos. Esto es útil para organizaciones o familias donde los fondos necesitan estar protegidos tanto de amenazas externas como de disputas internas.

2. **Respaldo y Recuperación**: Las billeteras *multisig* pueden servir como un sistema de respaldo para la recuperación en caso de que se pierda una clave. Si uno de los firmantes pierde su clave, las claves restantes aún pueden cumplir con el umbral requerido para ejecutar transacciones, asegurando que los fondos no queden permanentemente bloqueados.

3. **Gestión Compartida de Billeteras:** Para negocios o empresas conjuntas, las billeteras *multisig* proporcionan una manera democrática de gestionar fondos. Aseguran que ninguna parte pueda gastar recursos compartidos unilateralmente, requiriendo consenso para decisiones financieras.

Configuración de una Billetera *Multisig*

Configurar una billetera *multisig* implica seleccionar el número apropiado de signatarios y el umbral requerido para las transacciones.

La mayoría de las billeteras de hardware y software respetables soportan configuraciones *multisig* y ofrecen guías sobre cómo configurarlas de manera segura.

Es esencial elegir cuidadosamente a quienes poseen las claves, ya que la confianza juega un papel importante en un arreglo *multisig*.

Consideraciones

Si bien *multisig* ofrece una seguridad mejorada, también introduce complejidad en la gestión de la billetera. Los usuarios deben comprender las implicaciones de la gestión de claves y asegurarse de que todos los participantes sean confiables y entiendan su rol en la configuración *multisig*.

Además, es importante mantener procedimientos de respaldo para todas las claves para prevenir la pérdida de acceso a la billetera.

Entendiendo los *Dusting Attacks*

No todas las amenazas provienen de hackeos directos o robos; algunas son más insidiosas y buscan comprometer la privacidad o la seguridad a través de medios más sutiles. Uno de estos métodos es el "ataque de polvo", una táctica utilizada por estafadores o empresas de análisis de cadenas de bloques para romper el anonimato de los usuarios de Bitcoin.

¿Qué es un 'Ataque de Polvo'?

Un ataque de polvo implica enviar cantidades muy pequeñas de Bitcoin, conocidas como "polvo", a numerosas direcciones. Las cantidades son tan pequeñas que podrían pasar desapercibidas por el propietario de la billetera. El objetivo principal de esta estrategia no es robar los fondos, sino socavar la privacidad e identificar posibles objetivos para ataques de ingeniería social.

Los estafadores ejecutan ataques de polvo dispersando polvo en cientos de miles de direcciones. Luego monitorean estas direcciones, observando cualquier actividad que combine estos UTXOs de polvo con otros fondos en una transacción. Debido a que estas cantidades de polvo son insignificantes, el propietario de la billetera a menudo los agrupa con otros UTXOs al realizar una transacción. Esta acción puede revelar inadvertidamente información sobre los patrones de transacciones de la billetera y, potencialmente, la identidad del propietario de la billetera.

La Amenaza de los Ataques de Polvo

El peligro de un ataque de polvo no radica en el polvo en sí, sino en lo que los atacantes pueden hacer con la información recopilada al analizar las transacciones subsecuentes. Al estudiar cómo se mueven y se combinan los UTXOs con polvo, los atacantes pueden deducir las conexiones entre diferentes direcciones y, por lo tanto, las entidades que controlan esas direcciones.

Armados con esta información, los estafadores pueden lanzar ataques de phishing dirigidos, incrustar enlaces maliciosos en los metadatos de las transacciones, o crear sitios web falsos que imitan servicios legítimos para engañar a los usuarios a divulgar información sensible o comprometer su seguridad digital.

Mitigación de los Riesgos de los Ataques de Polvo

Protegerte de los ataques de polvo requiere vigilancia y un entendimiento de cómo funcionan estos ataques. Aquí hay algunas estrategias para mitigar el riesgo:

- **Monitorea el Polvo**: Revisa regularmente tu billetera en busca de transacciones pequeñas inexplicables. Las billeteras y servicios están incorporando cada vez más herramientas para ayudar a los usuarios a identificar y gestionar el polvo.

- **Evita Consolidar el Polvo con Transacciones Significativas**: Si identificas polvo en tu billetera, evita usar estas pequeñas cantidades en transacciones mayores y significativas. Esta precaución ayuda a prevenir que los atacantes rastreen la conexión entre tus direcciones de billetera.

- **Utiliza Herramientas de Privacidad**: Emplea herramientas y prácticas que mejoren la privacidad, como utilizar nuevas direcciones para cada transacción, utilizar funciones de control de monedas para gestionar UTXOs manualmente, y considerar técnicas avanzadas como CoinJoin para transacciones que ofuscan los vínculos entre entradas y salidas.

- **Edúcate a Ti Mismo**: Mantente informado sobre las últimas amenazas de seguridad y medidas de protección en el espacio de criptomonedas. El conocimiento es una herramienta poderosa en la lucha contra las tácticas en evolución de los estafadores y atacantes.

Resumen

Comprender y utilizar el tipo correcto de billetera de Bitcoin es esencial para mantener la seguridad y accesibilidad de tus activos digitales.

Las frases semilla son la columna vertebral de la recuperación de una billetera, lo que requiere métodos de almacenamiento seguros y estratégicos.

La elección entre billeteras calientes y frías depende de la frecuencia de tus transacciones y la cantidad de Bitcoin que planeas almacenar. Para una seguridad mejorada, especialmente para cantidades sustanciales o almacenamiento a largo plazo, las billeteras frías son la opción superior.

Agregar una frase de contraseña proporciona una capa de seguridad adicional, permitiendo la creación de billeteras ocultas y protegiéndote contra la coacción física.

Mediante la consideración cuidadosa y la aplicación de estos principios, puedes asegurar la seguridad e integridad de tus inversiones en Bitcoin.

CAPÍTULO 7

KYC

Las prácticas de KYC (*Know Your Customer* en inglés) están en la vanguardia de los esfuerzos del mundo financiero para combatir el lavado de dinero y otras formas de delincuencia financiera. En el ámbito de las criptomonedas, especialmente Bitcoin, el KYC presenta desafíos únicos y consideraciones para los usuarios.

Este capítulo tiene como objetivo explorar el proceso de KYC, su importancia en el panorama de los intercambios de criptomonedas, los riesgos asociados con el KYC para los tenedores de Bitcoin, y estrategias para mitigar esos riesgos mientras se mantiene la privacidad y la seguridad.

KYC Explicado

KYC significa "Conozca a Su Cliente", un componente crítico de las políticas de lucha contra el lavado de dinero (AML) implementadas por instituciones financieras e intercambios de criptomonedas.

El proceso de KYC implica la recolección y verificación de información personal de los clientes durante el proceso de incorporación. Esto permite a las instituciones evaluar el perfil de riesgo de los clientes, comprendiendo sus actividades financieras y evaluando el potencial de lavado de dinero u otras actividades ilícitas.

Para los intercambios de criptomonedas, los procedimientos de KYC son esenciales para:

- Confirmar la información personal de los usuarios y clientes.

- Obtener perspectivas sobre las actividades de los clientes potenciales para verificar su legalidad.

- Evaluar el riesgo de que los clientes se involucren en lavado de dinero.

Implicaciones para los Usuarios de Bitcoin

Cuando se compra Bitcoin a través de un intercambio que cumple con KYC, la transacción deja un rastro digital que podría vincular al comprador con su billetera. En caso de un hackeo del intercambio, una ocurrencia no poco común, la información comprometida podría terminar en la web oscura, convirtiéndola en un objetivo para el robo.

Además, las autoridades gubernamentales pueden solicitar información de los intercambios para identificar a los tenedores de Bitcoin para fines fiscales u otros motivos regulatorios.

Este nivel de rastreabilidad plantea una preocupación significativa de privacidad para los usuarios de Bitcoin que valoran el anonimato.

Rompiendo la Trazabilidad

La Parte II de este libro detallará métodos para romper esta trazabilidad. Sin embargo, el primer paso implica transferir tu Bitcoin a una billetera caliente intermedia. Este paso intermedio es crucial para aplicar técnicas de anonimización para cortar el vínculo directo entre los Bitcoins comprados en el intercambio y tu solución de almacenamiento a largo plazo, típicamente una billetera fría.

Travel Rule

La Regla de Viaje es una medida regulatoria adicional que requiere que las transacciones cripto por encima de cierto umbral incluyan información personal de las partes involucradas. Los reguladores también exigen que los intercambios de criptomonedas realicen diligencia debida sobre las contrapartes involucradas en las transacciones.

La aplicación de la Regla de Viaje varía por país, con algunas jurisdicciones requiriendo identificación detallada del receptor, similar a las transferencias bancarias fiat.

Retiros Estratégicos y Anonimización

Para sortear estos entornos regulatorios sin comprometer tu privacidad, es recomendable utilizar una billetera temporal o intermediaria al retirar fondos desde los *exchanges*. Este enfoque permite a los usuarios mantener el control sobre la trazabilidad de su Bitcoin. Cuando los usuarios tienen cantidades significativas en esta billetera temporal, pueden ejecutar múltiples transacciones a su almacenamiento frío o crear una transacción de CoinJoin para anonimizar su Bitcoin, lo cual discutiremos más adelante.

Resumen

Las regulaciones de KYC introducen desafíos importantes para los usuarios de Bitcoin. Los bitcoiners pueden reducir los riesgos de trazabilidad comprendiendo las implicaciones de KYC e implementando estrategias de protección de la privacidad.

Este capítulo ha esbozado la importancia del KYC en el ecosistema de criptomonedas, las preocupaciones potenciales de privacidad que plantea para los tenedores de Bitcoin, y los pasos preliminares para mejorar la seguridad y el anonimato.

Los capítulos siguientes profundizarán en métodos específicos para romper la trazabilidad y proteger tu Bitcoin contra intrusiones de privacidad.

CAPÍTULO 8

Prácticas de Seguridad Fundamentales

Para concluir la Parte I, es imperativo encapsular la esencia de lo que constituye una estrategia segura para mantener Bitcoin.

Este capítulo presenta un decálogo, una guía de los diez mandamientos, que encarna los principios fundamentales que todo entusiasta de Bitcoin debería seguir para asegurar la seguridad básica y la integridad de sus activos digitales.

Ya seas nuevo en el mundo de Bitcoin o un tenedor experimentado, adherirse a estas directrices puede reducir significativamente tu perfil de riesgo y proteger tus inversiones de las trampas y amenazas comunes.

El Decálogo Explicado

1. **Nunca Compartas Tu Frase Semilla:** Tu frase semilla es la llave a tu reino de Bitcoin. Trátala con la máxima confidencialidad. Compartir tu frase semilla, incluso con aquellos en quienes confías, abre avenidas para posibles brechas de seguridad.

2. **Almacenamiento Adecuado de la Frase Semilla:** Guardar tu frase semilla requiere consideración cuidadosa. Opta por métodos seguros y no digitales, como escribirla en un papel y mantenerla en una caja fuerte o en otra propiedad tuya. Considera usar bolsas con evidencia de manipulación o cajas fuertes a prueba de fuego para mayor seguridad.

3. **Usa una *Passphrase*:** Agregar una frase de contraseña a tu configuración de billetera fría introduce una capa adicional de seguridad, actuando como una segunda llave para tus activos. Esto es especialmente útil para crear billeteras ocultas que protegen tus importantes tenencias de Bitcoin contra amenazas físicas o coerción.

4. **Prioriza Compras de Bitcoin Sin KYC:** Compra Bitcoin sin pasar por los procedimientos KYC para preservar tu anonimato. Si el KYC es inevitable, consulta la Parte II de este libro para estrategias sobre cómo anonimizar tus tenencias después de la compra.

5. **Retira tu Bitcoin de los Intercambios:** Los intercambios son objetivos principales para los hackers. Siempre transfiere tu Bitcoin a una billetera personal donde tú controlas las claves privadas. El adagio *"no son tus claves, no son tus monedas"* es una verdad fundamental en el ecosistema de Bitcoin.

6. **Billeteras Calientes para Uso Temporal:** Utiliza billeteras calientes como pasos intermedios para transacciones tales como retiros de intercambios, envíos a intercambios y las etapas iniciales de los procesos de anonimización. Su conveniencia viene con un compromiso en seguridad.

7. **Almacenamiento a Largo Plazo en Billeteras Frías:** Para mantener Bitcoin con la intención de "HODL", las billeteras frías proporcionan la mejor seguridad. Estos dispositivos mantienen tus claves privadas fuera de línea, protegiendo tus activos de ataques en línea.

8. **Evita Reutilizar Direcciones de Bitcoin:** Generar una nueva dirección para cada transacción mejora tu privacidad al dificultar que los observadores rastreen tu actividad de Bitcoin hacia ti.

9. **Cuidado con Cantidades Pequeñas Inesperadas:** Conocido como "polvo", pequeñas cantidades inexplicables de Bitcoin que aparecen en tu billetera podrían ser parte de un ataque de polvo destinado a comprometer tu privacidad. Evita usar estas cantidades.

10. **No Confíes, Verifica:** Este no es solo un consejo, es un axioma fundamental que guía a los usuarios hacia la soberanía y la seguridad. Este concepto subraya la importancia de la responsabilidad personal y la diligencia debida en el reino de los activos digitales. En lugar de depositar fe ciega en terceros, ya sean proveedores de billeteras, intercambios o incluso consejos bien intencionados, Bitcoin anima a los individuos a verificar activamente la autenticidad y seguridad de sus transacciones y soluciones de almacenamiento.

Resumen

Este decálogo sintetiza las prácticas de seguridad fundamentales que forman la base de una tenencia segura y responsable de Bitcoin.

Adhiérete a estos diez principios y harás que tu Bitcoin sea más seguro, protegerás tu privacidad y te sentirás más seguro en el mundo de las criptomonedas.

A medida que avanzamos hacia temas más avanzados en los capítulos siguientes, recuerda que estas prácticas fundamentales son tu primera línea de defensa contra la miríada de amenazas en el mundo digital.

ANONIMATO
PARTE II

BITCOIN PARA EL INDIVIDUO SOBERANO

Protege tu Riqueza del Robo y la Vigilancia

CAPÍTULO 9

Comprar Bitcoin con KYC

A medida que aprendemos más sobre Bitcoin, nos damos cuenta de que, aunque puede mantenernos anónimos, tenemos que trabajar para lograr una verdadera privacidad.

Las transacciones de Bitcoin son visibles para cualquiera que observe la cadena de bloques, lo que las hace pseudónimas en lugar de anónimas. Sin embargo, con las prácticas adecuadas, es posible mejorar tu anonimato.

En este capítulo, discutiremos estrategias para comprar Bitcoin mientras preservas tu privacidad y anonimato, con un énfasis particular en eludir los requisitos de Conozca a Su Cliente (KYC).

El Problema con KYC

La conveniencia de comprar Bitcoin a través de intercambios viene con un coste de privacidad. Las regulaciones KYC requieren que los usuarios verifiquen su identidad, vinculando su información personal con sus transacciones de Bitcoin. Esta información, si es accedida por hackers o agencias gubernamentales, puede ser utilizada para rastrear los movimientos de Bitcoin de vuelta a las billeteras individuales.

Aunque puedes negar la propiedad, las implicaciones de tener tus transacciones rastreadas pueden variar desde tener direcciones en listas negras hasta convertirte en un objetivo para el robo.

Recomendaciones para Mejorar el Anonimato

Si bien ningún método garantiza un anonimato perfecto, las siguientes recomendaciones complican significativamente los esfuerzos de aquellos que buscan invadir tu privacidad.

Usar una Billetera Intermedia

Siempre retira tu Bitcoin de los intercambios a una billetera intermedia, como Sparrow Wallet. Acumula tu Bitcoin en esta billetera hasta que tengas suficiente para moverlo a almacenamiento frío, empleando métodos para romper la trazabilidad y ocultar tu identidad.

Billeteras de Retiro y Pago Separadas

Mantén una billetera intermedia para pagos y retiros de intercambios, separada de tu billetera de almacenamiento frío.

Esta práctica es similar a retirar efectivo para compras, donde el receptor no puede ver tu saldo bancario. Para asegurar tu privacidad, es importante abstenerse de usar las mismas direcciones de Bitcoin repetidamente y, en cambio, usar una billetera separada para transacciones con terceros.

Intercambiar Stablecoins por Bitcoin

Para oscurecer aún más el rastro a tu Bitcoin, considera comprar una stablecoin como USDT bajo regulaciones KYC, luego intercámbiala por Bitcoin sin KYC en un swap como FixedFloat. Este intercambio complica el proceso de identificación. Aunque herramientas como Chainalysis Reactor[10] podrían aún rastrear el Bitcoin hasta ti, probar la propiedad en un entorno legal se vuelve más desafiante.

Ejecutando una Compra de Bitcoin con KYC

Aquí tienes una guía paso a paso para comprar $500 en Bitcoin mientras mantienes el anonimato:

1. Usa un intercambio no doméstico para comprar $500 en USDT.

2. Retira el USDT a una billetera caliente, preferiblemente en una cadena de bloques con tarifas de transacción más bajas que Ethereum, como Tron o Polygon.[11]

3. Utiliza un servicio de intercambio para convertir tu USDT a BTC. Envía el USDT a la dirección proporcionada por el intercambio y dirige el BTC a una nueva dirección en tu billetera intermedia caliente.

Desde el momento en que transfieres USDT a una billetera caliente, surge ambigüedad respecto a la propiedad. El intercambio ocurre a través de diferentes cadenas de bloques, y recibes BTC en una nueva dirección de tu billetera intermedia, mejorando tu anonimato a pesar de los costes adicionales de transacción involucrados.

El Papel Control de Monedas en el Mantenimiento del Anonimato

Una herramienta esencial en el arsenal de aquellos que buscan maximizar su anonimato en Bitcoin es el control de monedas.

Esta característica es esencial tanto para usuarios de billeteras calientes como frías. Les permite a los individuos manejar sus tenencias a nivel de Salidas de Transacción no Gastadas (UTXOs), dándoles un entendimiento detallado del origen de cada porción de su Bitcoin. Además, ayuda a determinar si el Bitcoin está asociado con información KYC y decide cómo gastarlo.

Entendiendo el Control de Monedas

El control de monedas es una función que te permite elegir qué UTXOs específicos incluir en una transacción. Esta capacidad es vital por varias razones:

- **Anonimato**: Ayuda a mantener la privacidad al permitir a los usuarios evitar gastar monedas que podrían vincular su identidad a una transacción, particularmente útil para aquellos que mezclan UTXOs con y sin KYC.

- **Eficiencia de la Transacción**: Los usuarios pueden seleccionar UTXOs que optimicen las tarifas de transacción. Los UTXOs más pequeños podrían costar más en tarifas de lo que valen, mientras que los UTXOs más grandes pueden ser más económicos para gastar.

- **Privacidad Financiera**: Al etiquetar los UTXOs según su origen, los usuarios pueden llevar un registro de cuáles monedas han sido contaminadas por asociación con información de identidad personal y cuáles permanecen anónimas.

Importancia de la Selección de Billeteras

Al elegir una billetera caliente o comprar una billetera fría, la disponibilidad de la funcionalidad de control de monedas debería ser un factor crítico en tu proceso de toma de decisiones. Mientras que casi todas las billeteras frías modernas ofrecen características de control de monedas, lo mismo no se puede decir de todas las billeteras calientes.

Tener esta característica puede mejorar tu capacidad para manejar tu Bitcoin de manera segura mientras proteges tu privacidad.

- **Billeteras Frías**: La mayoría, si no todas, las billeteras frías modernas incorporan el control de monedas, reconociendo las preocupaciones de privacidad de los tenedores a largo plazo y la necesidad de una gestión estratégica de UTXOs.

- **Billeteras Calientes**: La selección varía; no todas las billeteras calientes incluyen el control de monedas. Para aquellos que gestionan activamente su privacidad en Bitcoin, elegir una billetera caliente que ofrezca esta característica es crucial. Billeteras como Sparrow Wallet y BlueWallet son ejemplos de billeteras calientes que proporcionan robustas características de control de monedas.

Implementando el Control de Monedas

Para usar efectivamente el control de monedas, deberías:

1. **Etiquetar Tus UTXOs**: Al recibir Bitcoin, especialmente si mezclas fuentes con y sin KYC, etiqueta cada transacción entrante según su fuente y si está vinculada a tu identidad.

2. **Gastar UTXOs Estratégicamente**: Elige UTXOs para transacciones basadas en sus etiquetas, asegurando que no estás vinculando inadvertidamente tu identidad a todas tus tenencias de Bitcoin.

3. **Revisar Regularmente Tus Tenencias**: Hazlo un hábito revisar y manejar tus UTXOs, optimizando para privacidad, tarifas de transacción y seguridad.

Resumen

Comprar Bitcoin sin KYC es un paso crítico para aquellos que buscan maximizar su privacidad financiera y seguridad.

Puedes mejorar tu anonimato dentro del ecosistema de Bitcoin implementando las recomendaciones discutidas en este capítulo. Mientras estos métodos pueden involucrar más pasos y potencialmente mayores costes, los beneficios de privacidad que ofrecen son invaluables para aquellos que desean mantener sus tenencias de Bitcoin discretas.

En los próximos capítulos exploraremos técnicas más avanzadas para asegurar aún más tu anonimato, privacidad y eficiencia en la gestión de tu Bitcoin.

CAPÍTULO 10

Comprar y Gastar Bitcoin Sin KYC

El deseo de privacidad ha llevado a numerosos individuos a explorar maneras de interactuar con Bitcoin que están protegidas del escrutinio regulatorio y mantienen el anonimato personal.

Este capítulo explora el mundo de la compra y uso de Bitcoin sin seguir los procedimientos de Conozca a Su Cliente (KYC). Su objetivo es guiar a aquellos que ven a Bitcoin no solo como una moneda, sino como una forma de "dinero sólido" similar al oro, ofreciendo estrategias para mantener la privacidad en la adquisición y el gasto.

Comprar Bitcoin Sin KYC

Los servicios entre pares (P2P) como Hodl Hodl, Bisq, y Peach Bitcoin[12] permiten a los usuarios comprar y vender Bitcoin directamente entre ellos.

Estos servicios priorizan la privacidad y la descentralización, por lo que no se requiere identificación personal. Sin embargo, esta anonimidad viene con tarifas más altas en comparación con los intercambios tradicionales.

A pesar del coste adicional, muchas personas valoran la privacidad y el control sobre sus transacciones que ofrecen los servicios P2P.

Cómo Funcionan las Transacciones Bitcoin P2P

En los servicios P2P de Bitcoin, los compradores y vendedores realizan transacciones directamente sin necesidad de una autoridad centralizada. Aquí está el flujo típico:

1. **Listado y Descubrimiento**: Los vendedores listan sus ofertas de Bitcoin, estableciendo sus precios y condiciones. Los compradores buscan en el mercado y inician una transacción cuando encuentran una oferta adecuada.

2. **Inicio de la Transacción**: Cuando un comprador compra Bitcoin, esto se señala en la plataforma, y la cantidad especificada de Bitcoin del vendedor se bloquea automáticamente en un servicio de depósito en garantía proporcionado por la plataforma.

3. **Pago**: El comprador luego paga al vendedor utilizando el método de pago acordado, que puede variar desde transferencias bancarias hasta intercambios de efectivo en persona o otros sistemas de pago en línea.

4. **Confirmación**: Al recibir el pago, el vendedor confirma la recepción dentro de la plataforma P2P.

5. **Liberación del Depósito en Garantía**: Una vez que el vendedor confirma el pago, el servicio de depósito en garantía libera el Bitcoin a la billetera del comprador.

Asegurando la Seguridad de los Fondos

Las plataformas P2P tienen varios mecanismos para prevenir el fraude y asegurar que ninguna de las partes se escape con el dinero:

- **Servicios de Depósito en Garantía**: Una vez que se inicia una transacción, las plataformas P2P mantienen el Bitcoin en depósito en garantía. Esto significa que el vendedor no puede acceder al Bitcoin que está vendiendo, y el comprador no puede recibirlo hasta que se verifique el pago.

- **Sistemas de Reputación**: Los usuarios tienen puntuaciones de reputación basadas en su historial de transacciones. Ambas partes están incentivadas a completar las transacciones de manera honesta para mantener una buena reputación.

- **Resolución de Disputas**: En caso de disputas, el servicio P2P interviene para mediar basándose en la evidencia proporcionada por ambas partes, como prueba de pago o comunicación.

- **Depósitos de Seguridad**: Algunas plataformas requieren depósitos de seguridad tanto de compradores como de vendedores. En caso de actividad fraudulenta, ambos compradores y vendedores pueden perder estos depósitos, agregando una capa extra de seguridad.

- **Canales de Comunicación**: El servicio proporciona canales seguros y encriptados para la comunicación entre comprador y vendedor, permitiendo mantener un registro claro de acuerdos y términos.

Al usar estos servicios descentralizados, los participantes pueden realizar transacciones de Bitcoin que están más alineadas con el ethos de criptomonedas de falta de confianza y auto-soberanía. Con las prácticas adecuadas, las plataformas P2P ofrecen un entorno seguro para el comercio de Bitcoin mientras minimizan el riesgo de robo o fraude.

Mientras que Bitcoin abre un nuevo horizonte de libertad financiera, gastarlo sin comprometer tu privacidad es una consideración crítica. Para transacciones que no requieren revelar tu identidad a través de protocolos KYC, pagar directamente con Bitcoin es sencillo cuando el receptor lo acepta como forma de pago. Sin embargo, cuando la situación requiere la conversión de Bitcoin a moneda fiat, surge el desafío de mantener el anonimato.

En esta sección, exploramos las opciones disponibles para aquellos que desean gastar su Bitcoin sin someterse a KYC, asegurando que tu información personal permanezca justamente eso—personal.

Bitrefill

Un nombre líder en el espacio de comercio electrónico cripto, Bitrefill[13] permite a los usuarios "Vivir en Cripto" comprando tarjetas de regalo digitales y recargas de teléfono móvil usando Bitcoin, Ethereum, Solana, Polygon, y otras criptomonedas. Este servicio permite una integración casi perfecta de Bitcoin en la vida diaria, proporcionando una solución práctica para gastar sin revelar directamente la identidad de uno a través de sistemas financieros tradicionales.

Bitrefill también ofrece una tarjeta de débito, aunque su uso requiere completar un proceso de verificación de identidad (KYC). Si decides utilizarla asumiendo ese compromiso, mi recomendación es no enviar directamente tus BTC. En su lugar, realiza primero un intercambio (swap) de BTC a una *stablecoin* y deposítala en tu tarjeta Bitrefill. Así podrás usarla de forma más segura para compras en línea y gastos cotidianos.

Tarjetas de Débito Anónimas

Por razones evidentes, las tarjetas de débito verdaderamente anónimas son escasas, aunque existen algunas opciones. En mi caso, utilizo XKard[14] para los gastos del día a día. Se trata de una tarjeta VISA sin KYC, no asociada a mi nombre, que recargo mediante swaps —como FixedFloat— desde una billetera temporal con BTC previamente anonimizado.

Tarjetas de Débito Cripto Estándar

Entre la variedad de herramientas disponibles para gastar Bitcoin, las tarjetas de débito cripto estándar emitidas por intercambios, procesadores de pagos y compañías de tarjetas son opciones prevalentes que demandan consideración cuidadosa. Es esencial distinguir que tales tarjetas típicamente requieren adherirse a protocolos KYC.

La conveniencia que ofrecen viene con el precio de privacidad reducida y la complejidad potencial de las implicaciones fiscales. A medida que evalúas tus opciones de gasto, recuerda considerar cuidadosamente el factor de conveniencia contra los principios de anonimato y independencia financiera que promueve Bitcoin.

Resumen

La capacidad de comprar y gastar Bitcoin sin KYC es más que una conveniencia; es una afirmación de participación en un sistema financiero que valora la privacidad, la autonomía y la libertad de transacción sin supervisión.

Este capítulo ha explorado métodos prácticos para mantener el anonimato con Bitcoin, desde utilizar servicios P2P para compras hasta aprovechar plataformas como Bitrefill y tarjetas de débito anónimas para el gasto.

Si bien estos enfoques vienen con su propio conjunto de consideraciones, incluidas tarifas más altas y la necesidad de navegar las implicaciones de seguridad, representan estrategias vitales para aquellos comprometidos con los principios de privacidad y descentralización inherentes a Bitcoin.

A medida que continuamos explorando el paisaje en evolución del uso de Bitcoin, estos métodos se presentan como testimonios de los caminos innovadores hacia la soberanía financiera.

CAPÍTULO 11

Rompiendo la Trazabilidad en la Blockchain

La transparencia de la blockchain de Bitcoin es un desafío para los usuarios preocupados por la privacidad. Aunque comprar Bitcoin sin KYC a través de servicios P2P puede mitigar algunas preocupaciones de privacidad, sigue existiendo el riesgo de adquirir monedas que están en listas negras o contaminadas por transacciones previas.

Además, es crucial proteger el anonimato de las monedas compradas a través de intercambios que cumplen con KYC.

Este capítulo explora métodos para anonimizar Bitcoin, rompiendo la trazabilidad de las transacciones para mejorar la privacidad, centrándose en el almacenamiento a largo plazo y el gasto.

Rompiendo la Trazabilidad para el Almacenamiento

La piedra angular para anonimizar Bitcoin para el almacenamiento es el método CoinJoin. CoinJoin es un mecanismo *trustless* que combina múltiples pagos de Bitcoin de varios usuarios en una sola transacción. Esta amalgama dificulta que los observadores externos determinen quién pagó a quién. El proceso se basa en la funcionalidad estándar de Bitcoin, donde una sola transacción puede incluir firmas de múltiples individuos.

Cuando los usuarios participan en un CoinJoin, combinan sus transacciones, lo que resulta en una falta de claridad respecto a la propiedad después de la transacción. Esta incertidumbre aumenta con el número de UTXOs de direcciones únicas involucradas, mejorando el conjunto de anonimato, el grupo dentro del cual te estás ocultando. El conjunto de anonimato es un concepto crucial en la privacidad, refiriéndose al número de salidas de igual valor en una transacción CoinJoin, lo que hace más difícil vincular UTXOs específicos a individuos.

Ejemplo Práctico de CoinJoin

Imagina un escenario con dos participantes, Alice y Bob, cada uno contribuyendo a un CoinJoin. Para los observadores externos, no está claro cuál de los dos UTXOs resultantes de 1.0 bitcoin pertenece a Alice o a Bob, rompiendo efectivamente el vínculo directo desde sus direcciones originales. Mezclas subsecuentes, idealmente con diferentes participantes, pueden oscurecer aún más la trazabilidad, mejorando la privacidad.

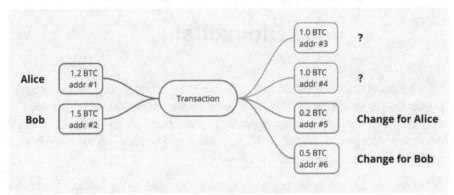

A la izquierda, hay dos entradas a esta transacción que pertenecen a dos personas diferentes, Alice y Bob. Solo las personas con acceso a los datos de KYC saben que son de Alice y Bob. Para todos los demás, son la Persona A y la Persona B. Se han creado dos UTXOs de 1.0 bitcoin y no está claro cuál pertenece a Alice (Persona A) y cuál a Bob (Persona B).

Cada uno tiene un 50% de posibilidades de pertenecer a Alice, y un 50% a Bob. El propietario de las cantidades de 0.2 y 0.5 bitcoin puede deducirse bastante fácilmente con lógica matemática.

Centrándonos en Alice, ella ha recibido 1.0 bitcoin en una de las direcciones de su billetera. No es completamente privado; para un observador externo, ese 1.0 bitcoin tiene un 50% de posibilidades de pertenecer a ella.

Para aumentar su privacidad, esas monedas pueden mezclarse nuevamente, pero debería mezclarlas con alguien más, no con Bob. Abajo podemos ver un coinjoin real desde la Mempool:

Anonimizar Bitcoin no solo protege las tenencias; también asegura la privacidad cuando se gasta. Cuando realizas un pago desde una dirección que contiene una cantidad significativa de Bitcoin, el receptor puede potencialmente rastrear el origen del pago, exponiendo tus tenencias totales. Sin embargo, si has mezclado tus monedas utilizando métodos como CoinJoin, los pagos provienen de direcciones con historiales oscurecidos y saldos más pequeños, protegiendo tu privacidad financiera.

Cuando quiero gastar BTC, lo que suelo hacer es ejecutar un CoinJoin con 10 salidas desde mi *cold wallet* hacia una billetera temporal de uso (*hot wallet*). Estas 10 salidas corresponden a UTXOs de tamaño relativamente pequeño, que luego utilizo directamente para pagos o los intercambio por una *stablecoin* antes de transferirlos a mi tarjeta XKard.

Aquí tienes un ejemplo de una de mis transacciones CoinJoin, utilizada para mover fondos desde la billetera de almacenamiento a largo plazo hacia la billetera temporal de gasto:

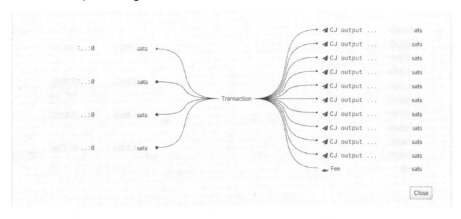

Ventajas del Gasto Anonimizado

Este enfoque asegura que cuando gastas Bitcoin, el receptor no puede rastrear fácilmente la fuente del pago ni asociarlo con tus tenencias más grandes. El resultado es un nivel de privacidad que protege tus activos totales de Bitcoin de la vista pública, manteniendo la discreción financiera en tus transacciones.

Una Palabra de Precaución

CoinJoin se destaca como una herramienta robusta para mejorar la privacidad, pero es importante proceder con conciencia cuando mueves tu Bitcoin posteriormente. Muchos intercambios vigilan de cerca el origen de los fondos, y existe la posibilidad de que puedan señalar o incluso bloquear fondos que detecten proviniendo directamente de una transacción CoinJoin. Esta vigilancia a menudo se basa en la obligación del intercambio de cumplir con las regulaciones contra el lavado de dinero.

Para mitigar este riesgo, evita depositar UTXOs directamente desde un CoinJoin en tu cuenta de intercambio. En cambio, considera transferir primero una parte de tu UTXO de CoinJoin a una billetera caliente intermedia. Luego, mueve otro segmento desde tu billetera caliente al intercambio. Esta ruta indirecta puede ayudar a enmascarar el rastro de CoinJoin y reducir la probabilidad de activar los protocolos de seguridad del intercambio.

Recuerda, los intercambios tienden a centrarse en transacciones sustanciales que pueden estar vinculadas a actividades ilícitas como hackeos, ransomware o fraudes. Las pequeñas cantidades de Bitcoin provenientes de CoinJoins tienen menos probabilidades de levantar alarmas, pero aún es prudente practicar esta medida de precaución para evitar complicaciones potenciales.

Resumen

Romper la trazabilidad de la blockchain es una estrategia fundamental para cualquiera que busque usar Bitcoin de manera privada. Mediante técnicas como CoinJoin, los usuarios pueden anonimizar sus tenencias, desvinculándolas de su historial de compra inicial y la información de KYC.

Este capítulo ha subrayado la importancia de anonimizar Bitcoin tanto para el almacenamiento como para asegurar la privacidad al gastar, proporcionando una base para que los usuarios protejan su anonimato.

A medida que continuamos explorando técnicas avanzadas de privacidad, recuerda que el camino hacia la privacidad financiera es continuo, requiriendo diligencia y un entendimiento del paisaje en evolución de la seguridad y el anonimato de Bitcoin.

CAPÍTULO 12

CoinJoin

CoinJoin es una de las herramientas más poderosas que tienes a tu disposición para proteger tu privacidad en Bitcoin. A pesar de que todas las transacciones son públicas por diseño, CoinJoin permite confundir el rastro entre entradas y salidas, haciendo extremadamente difícil para observadores externos determinar quién pagó a quién.

Este capítulo está pensado para mostrarte, paso a paso, cómo puedes realizar tus propias CoinJoins utilizando **Sparrow Wallet**, sin depender de terceros ni comprometer la custodia de tus fondos. Vamos a recorrer diferentes niveles de complejidad, desde el uso de una billetera caliente hasta configuraciones ultra seguras con dispositivos desconectados.

La meta es clara: que tú mismo puedas realizar CoinJoins de forma sencilla, segura y regular, sin tener que confiar en nadie más.

¿Por qué Sparrow Wallet?

Sparrow es una billetera potente, versátil y centrada en la privacidad. Permite crear CoinJoins manuales y personalizados con un control total sobre entradas, salidas, tarifas y firma. Funciona perfectamente con *cold wallets*, tanto conectados como en entornos air-gapped.

Ventajas clave:

*   Interfaz moderna y clara.
*   Soporte total para PSBT.
*   Compatible con hardware wallets como BitBox o Coldcard.
*   Coin control avanzado.
*   Funciona en macOS, Windows y Linux.

Requisitos recomendados:

*   Sparrow Wallet instalada y configurada.
*   Opcional: nodo propio para mayor privacidad.
*   BitBoxBridge activo (si usas BitBox conectada).

- microSD (si firmas de forma air-gapped).

Nivel 1 – CoinJoin desde Sparrow

Ideal para empezar o para montos pequeños. No necesitas hardware wallet.

1. Selecciona la wallet caliente en Sparrow.

2. Identifica los UTXOs que quieres usar (menú UTXOs).

3. Crea una nueva transacción:

   o Añade manualmente los inputs deseados.

   o En "Outputs", añade 2 o 3 direcciones diferentes (pueden ser tuyas).

   o Asegúrate de que todos los outputs tengan el mismo valor (ej. 0.01 BTC).

   o Añade una salida de cambio si es necesario (aunque para mejorar el anonimato y la trazabilidad es recomendable evitar el cambio).

   o Define una tarifa manual en función de la carga actual de la Mempool y tu urgencia (sats/vB).

4. Firma y transmite la transacción.

⚠ No reutilices direcciones de recepción ni de cambio.

Nivel 2 – CoinJoin con BitBox conectada

Más seguro. Aquí conectas la BitBox directamente a Sparrow mediante USB.

1. **Prepara BitBox**:

   o Instala BitBox App y BitBoxBridge.

   o Cierra la BitBox App para evitar conflictos.

2. **Crea una wallet en Sparrow**:

   o Elige "Hardware Wallet".

   o Sparrow detectará automáticamente tu BitBox y extraerá el xpub.

   o Marca como "watch-only" si solo quieres preparar las transacciones sin firmar aún.

3. **Construye la transacción CoinJoin**:

   o Añade inputs.

   o Añade outputs con cantidades iguales (ej. 0.02 BTC x 3).

   o Añade cambio si es necesario (aunque para mejorar el anonimato y la trazabilidad es recomendable evitar el cambio).

   o Ajusta la tarifa y finaliza la transacción.

4. **Firma en vivo**:

   o Firma directamente con la BitBox conectada.

5. **Finaliza y transmite** la transacción.

🔒 Tus claves privadas nunca salen del dispositivo.

Nivel 3 – CoinJoin con BitBox y PSBT (conexión indirecta)

Este método te permite usar tu BitBox02 sin revelar tus claves privadas, firmando la transacción CoinJoin mediante archivos PSBT. Aunque puede hacerse sin conexión a internet, **no es una configuración air-gapped pura**, ya que requiere conectar el dispositivo al ordenador por USB.

Tienes dos opciones para firmar los PSBTs: con la aplicación **BitBoxApp** o directamente desde **Sparrow Wallet**.

Opción A – Firma con BitBoxApp

1. **Prepara tus wallets en Sparrow**

   o Exporta el xpub desde BitBoxApp.

   o Crea wallets watch-only en Sparrow importando ese xpub.

   o Esto te permite construir transacciones sin exponer tus claves.

2. **Construye la CoinJoin en Sparrow**

   o Crea una nueva transacción desde una wallet watch-only.

   o Añade inputs desde varias wallets (por selección o por txid:index).

   o Crea 3 salidas de igual monto (ej. 0.01 BTC).

   o Añade salidas de cambio si es necesario.

o   Guarda como PSBT (archivo .psbt).

3. **Firma con BitBoxApp**

   o   Abre la BitBoxApp y conecta tu BitBox02 por USB.

   o   Importa el archivo .psbt y verifica los datos.

   o   Aprueba la firma desde el dispositivo.

   o   Exporta el archivo firmado.

4. **Finaliza en Sparrow**

   o   Importa el archivo firmado a Sparrow.

   o   Cuando todos los inputs estén firmados, haz clic en "Finalizar".

   o   Luego puedes transmitir la transacción.

Opción B – Firma directamente en Sparrow con BitBox conectada

1. **Prepara Sparrow y BitBox**

   o   Asegúrate de tener BitBoxBridge instalado y activo.

   o   Cierra BitBoxApp antes de usar Sparrow.

   o   Conecta tu BitBox02 por USB.

2. **Crea la CoinJoin como PSBT**

   o   Igual que en la opción A: selecciona los inputs, outputs, cambios y tarifas.

   o   Guarda como PSBT.

3. **Firma dentro de Sparrow**

   o   Sparrow detectará la BitBox02 como dispositivo conectado.

   o   Abre la wallet correspondiente.

   o   En la pestaña PSBT, haz clic en "Firmar".

   o   Confirma en el dispositivo.

4. **Finaliza y transmite**

o   Una vez firmados todos los inputs, haz clic en "Finalizar transacción".

o   Luego puedes hacer clic en "Transmitir" o exportar el hex.

📌 **Nota importante:**

Ninguna de estas opciones es verdaderamente air-gapped, ya que requieren conexión USB. Si tu modelo de amenaza exige aislamiento físico total, continúa al siguiente nivel.

Nivel 4 – CoinJoin con Coldcard (air-gapped real)

Para usuarios que buscan el máximo nivel de separación física, el dispositivo **Coldcard** permite firmar PSBTs de forma totalmente aislada mediante una tarjeta microSD. En este flujo, **nunca hay contacto USB entre el dispositivo y el ordenador**.

Flujo de trabajo con Coldcard

1. **Configura tu wallet en Sparrow**

   o   Exporta el archivo wallet.json desde Coldcard a microSD.

   o   Impórtalo en Sparrow como wallet watch-only.

2. **Construye la CoinJoin**

   o   Desde Sparrow, añade los inputs de la wallet.

   o   Crea 3 salidas de igual cantidad.

   o   Añade cambio si es necesario.

   o   Guarda el PSBT en la microSD (coinjoin1.psbt).

3. **Firma en Coldcard (offline)**

   o   Inserta la microSD en Coldcard.

   o   Navega al menú: Advanced > Tools > Sign PSBT.

   o   Firma y guarda el archivo (coinjoin1-signed.psbt).

4. **Finaliza en Sparrow**

   o   Inserta la microSD en el ordenador.

   o   Carga el archivo firmado en Sparrow.

o   Finaliza y transmite.

Esta es una configuración verdaderamente air-gapped: Coldcard nunca se conecta físicamente al ordenador y no requiere drivers, puentes ni software adicional.

Automatización con CustomGPT

Si haces CoinJoins frecuentemente, puedes definir un CustomGPT para ayudarte a estructurar transacciones, validar PSBTs y mantener tus patrones operativos.

¿Qué es un CustomGPT?

Un asistente personalizado que puede:

- Tomar tus UTXOs y sugerirte la mejor combinación.

- Establecer montos, salidas y cambios con anonimato óptimo.

- Generar nombres de archivo y estructuras de carpetas automáticamente.

- Explicarte paso a paso qué hacer en cada fase.

Ejemplo de configuración para tu GPT

```
You are a Bitcoin privacy assistant specialized in building manual
CoinJoin transactions for Sparrow Wallet.
When a user wants to create a CoinJoin, ask for:
- Total input amount (sats)
- Number of outputs
- Optional: Preferred fee rate
If fee rate is missing, search the current mempool fees and suggest a
safe default.
Calculate:
- Estimated transaction size (inputs, outputs, overhead)
- Estimated fee (sats and BTC)
- Amount per output (equal split, no change)
Give final values in:
- Sats
- BTC
Explain clearly how to create the transaction in Sparrow Wallet:
- Select UTXOs
- Create specified outputs
- Set manual fee rate
- Disable change
```

```
- Finalize, sign, broadcast
If funds are insufficient, explain and suggest solutions.
Always aim to maximize privacy, avoid change outputs, and minimize
user interaction steps.
```

Resumen

Dominar el uso de CoinJoin es dar un paso fundamental hacia la verdadera soberanía financiera. Te permite romper los vínculos entre la procedencia y el destino de tus fondos, proteger tu historial de transacciones y reforzar tu anonimato en la blockchain. No se trata solo de ocultarte, sino de recuperar tu derecho básico a la privacidad.

Has aprendido a usar Sparrow Wallet para crear CoinJoins manuales con diferentes niveles de seguridad, desde una billetera caliente hasta configuraciones con *hardware wallets* desconectadas. También has visto cómo puedes delegar tareas repetitivas o técnicas en un CustomGPT, manteniendo el control total sobre tus decisiones.

Ahora es el momento de ponerlo en práctica. Empieza por una prueba con montos pequeños, gana confianza, y haz del CoinJoin parte de tu rutina operativa. La privacidad en Bitcoin no es un lujo: es una necesidad. Y hoy tienes el conocimiento para ejercerla.

CAPÍTULO 13

Gastar Anónimamente

A medida que Bitcoin sigue evolucionando tanto como reserva de valor como medio de intercambio, mantener la privacidad durante las transacciones se ha convertido en una preocupación primordial para los usuarios.

Si bien es posible anonimizar la tenencia de Bitcoin mediante técnicas como CoinJoin, gastar sin revelar tu historial financiero plantea desafíos adicionales.

En este capítulo, exploramos PayJoin, un método para realizar transacciones de Bitcoin que mejora significativamente la privacidad tanto para el emisor como para el receptor, permitiendo un gasto verdaderamente anónimo.

Entendiendo PayJoin

PayJoin, también conocido como P2EP (Pago a Punto Final), es una transacción CoinJoin especializada entre dos partes donde una parte paga a la otra. Este método mejora la privacidad al hacer que las transacciones sean indistinguibles de las transacciones regulares de Bitcoin, ya que no produce los valores de salida uniformes típicamente asociados con los CoinJoins.

Cómo funciona PayJoin

Una transacción PayJoin comienza con el emisor iniciando un pago al receptor. Luego, el receptor contribuye con una de sus propias entradas a la transacción. Esta mezcla de entradas de ambas partes confunde el rastro de los fondos, dificultando que los observadores externos determinen el origen y el destino de los fondos.

PayJoin resuelve el único problema de privacidad que quedó abierto en el libro blanco de Bitcoin[15], que las transacciones con múltiples entradas "necesariamente revelan que sus entradas eran propiedad del mismo dueño," porque tanto el emisor como el receptor de una transferencia contribuyen con entradas a la transacción.

Las empresas de vigilancia de transacciones dependen en gran medida de la suposición de propiedad de entrada común, que se rompe con las transacciones PayJoin. Por lo tanto, si esas transacciones se volvieran incluso un poco extendidas, podrían disminuir masivamente la fiabilidad de la vigilancia de la blockchain.

Aquellos que adopten PayJoin encontrarán que su privacidad mejora frente a extraños que analizan la blockchain. Por ejemplo, sería mucho más difícil para un espía de una empresa de vigilancia determinar qué direcciones y transacciones pertenecen a un comerciante particular que estuviera usando PayJoin, o quién más realizó transacciones con ellos.

El estándar de protocolo PayJoin más adoptado es el BIP 0078.[16]

Entendiendo PayJoin a Través de una Analogía con la Moneda Fiduciaria

Para entender más intuitivamente el concepto de PayJoin, considera una analogía del mundo real que involucre una transacción de moneda fiduciaria. Imagina que estás en una tienda para comprar una bebida que cuesta $5. Mientras te preparas para pagar, el vendedor pregunta si podrías intercambiar cualquier moneda de $1 que tengas por billetes para mejorar su flujo de efectivo. Así es como se desarrolla el intercambio:

- El vendedor te proporciona diez monedas de $1 de su caja registradora.

- A cambio, le das al vendedor un billete de $10 para intercambiar las monedas y un billete adicional de $5 para cubrir el coste de la bebida.

Reflejar esta transacción en una blockchain hipotética mostraría:

- **Entradas:** Tres UTXOs que provienen de direcciones distintas. Estos corresponden a las diez monedas de $1 del vendedor, tu billete de $10 para el intercambio, y el billete de $5 para comprar la bebida.

- **Salidas:** Dos UTXOs. Uno refleja el valor combinado que regresa al vendedor (el equivalente de sus 10 monedas ahora en forma de billete más los $5 para la bebida), y uno representa las diez monedas de $1 ahora en tu posesión.

Este escenario refleja la esencia de una transacción PayJoin. Al igual que la mezcla de monedas y billetes entre tú y el vendedor, un PayJoin combina las entradas tanto del comprador como del vendedor en una sola transacción. Este proceso de fusión oscurece el linaje directo de cada unidad de moneda, haciendo que sea difícil para un observador externo rastrear la propiedad original o la naturaleza exacta de la transacción. Justo como en la transacción anterior, donde no está claro quién era el dueño original de las monedas de $1, las transacciones PayJoin complican el rastro de la propiedad de Bitcoin, mejorando la privacidad.

Esta analogía sirve para desmitificar las tecnicidades de PayJoin, ilustrando cómo opera sobre principios familiares para cualquiera que haya participado en transacciones financieras cotidianas.

Los usuarios de Bitcoin pueden efectivamente enmascarar la rastreabilidad de sus transacciones implementando técnicas que aumentan la privacidad, de manera similar a cómo los intercambios de efectivo pueden involucrar intercambios de valor intrincados que no revelan directamente los estados financieros o intenciones de las partes involucradas.

El Papel del Emisor y el Receptor

- **Emisor:** Inicia la solicitud de PayJoin y acepta incluir la entrada del receptor en la transacción.
- **Receptor:** Añade una entrada a la transacción, fusionando sus fondos con los del emisor, y completa la transacción firmando.

Beneficios de PayJoin

- **Privacidad mejorada:** PayJoin interrumpe la heurística de propiedad de entrada común, un método frecuentemente utilizado por herramientas de análisis de blockchain para rastrear transacciones de Bitcoin.

- **Indetectable:** Las transacciones ejecutadas a través de PayJoin son indistinguibles de las transacciones regulares, proporcionando una capa de anonimato sin llamar la atención.

Implementaciones de PayJoin

Varios monederos han implementado variantes de PayJoin para facilitar esta forma de transacción más privada:

- **Sparrow Wallet**: Incluye soporte para transacciones PayJoin colaborativas. Ofrece la opción de crear transacciones en las que ambos participantes contribuyen con entradas (también conocidas como "Stonewall" o "Fake Two-Person CoinJoin"). Esta técnica oculta el monto real transferido y rompe los patrones típicos de gasto observables en la cadena. Sparrow permite realizar estas transacciones tanto de forma individual (simulando un segundo participante) como colaborativamente entre dos usuarios.[17]

- **BlueWallet**: Soporta PayJoin (BIP78) en modo emisor. Esto significa que si el receptor también lo admite, puedes generar una transacción que mejora la privacidad sin necesidad de configuraciones avanzadas.

- **JoinMarket**: Aunque más conocida por sus CoinJoins, JoinMarket también permite realizar PayJoins desde la línea de comandos. Está orientada a usuarios con conocimientos técnicos que deseen máxima flexibilidad y control.

Aunque la adopción de PayJoin aún es limitada, su eficacia crece a medida que más usuarios y servicios lo implementan. Es una forma elegante y sencilla de ganar privacidad sin necesidad de mezclar tus monedas con las de otros participantes desconocidos.

Comparación con CoinJoin

A diferencia de los CoinJoins tradicionales, donde uno podría necesitar confiar en un tercero y puede identificarlos fácilmente en la blockchain, las transacciones PayJoin permiten a los usuarios mantener el control directo sobre sus fondos y se integran perfectamente en la blockchain. Este método directo y privado contrasta con técnicas de privacidad más conspicuas, ofreciendo una alternativa discreta para los usuarios.

CoinJoin Falso de Dos Personas (Stonewall)

En la búsqueda de la privacidad transaccional, el concepto de un CoinJoin juega un papel fundamental. Específicamente, el 'CoinJoin Falso de Dos Personas', también conocido como una transacción Stonewall, como se implementa en Sparrow Wallet, surge como una herramienta poderosa para individuos que buscan ocultar sus patrones de gasto.

A diferencia de los CoinJoins tradicionales que requieren múltiples participantes, una transacción Stonewall es un esfuerzo individual, diseñado inteligentemente para simular la apariencia de un CoinJoin de múltiples personas.

Cómo Funciona Stonewall

Una transacción Stonewall crea ambigüedad produciendo salidas que podrían pertenecer plausiblemente a diferentes individuos, complicando cualquier intento de rastrear los fondos de vuelta a una sola fuente. Esta técnica utiliza cantidades de salida iguales, un sello distintivo de los CoinJoins, para crear incertidumbre sobre qué receptores recibieron qué salidas.

Aquí está el proceso en detalle:

- **Entradas y salidas:** La transacción tendrá dos conjuntos de entradas, cada una representando a un participante ficticio en el CoinJoin. Tu billetera debe contener fondos suficientes—más del doble de la cantidad que pretendes gastar—para acomodar esta estructura.

- **Salidas de señuelo:** Una de las salidas de la transacción será el pago real, mientras que otra salida de valor idéntico actuará como un señuelo, redirigiendo de vuelta a una de las direcciones de cambio de tu billetera. Esto crea la ilusión de dos pagos iguales, similar a un CoinJoin genuino.

- **Salidas de cambio:** Además, la transacción incluirá salidas de cambio para cada "participante", mejorando aún más la impresión de una transacción de múltiples personas. Estas también regresan a tu billetera, manteniendo el control sobre tus fondos.

Ventajas de Stonewall

- **Autonomía:** No requiere coordinación con otros usuarios, ofreciendo una forma sencilla de mejorar la privacidad en tus propios términos.

- **Ambigüedad:** Para los observadores externos, la naturaleza de la transacción permanece poco clara, enmascarando efectivamente el verdadero flujo de fondos.

Consideraciones

Aunque el método Stonewall es una herramienta potente de privacidad, requiere un saldo de billetera suficiente para soportar la creación de salidas de igual valor y salidas de cambio acompañantes. Los usuarios sin fondos suficientes pueden necesitar explorar métodos alternativos de privacidad o participar en CoinJoins colaborativos.

Resumen

PayJoin y técnicas relacionadas ofrecen métodos poderosos para mantener la privacidad al gastar Bitcoin. PayJoin interrumpe los métodos de seguimiento tradicionales empleados por terceros al fusionar entradas de transacciones, proporcionando así un mayor nivel de anonimato.

A medida que el uso de Bitcoin se expande, será cada vez más importante para los usuarios conscientes de la privacidad adoptar tácticas como PayJoin en sus transacciones financieras.

Este capítulo subraya la importancia de entender y utilizar estos métodos que mejoran la privacidad para proteger la soberanía financiera de uno en la era digital.

PRIVACIDAD
PARTE III

BITCOIN PARA EL INDIVIDUO SOBERANO

Protege tu Riqueza del Robo y la Vigilancia

CAPÍTULO 14

Malware – El Enemigo Oculto

Al fortalecer tu privacidad y anonimato en el universo de Bitcoin, hay un adversario silencioso que podría estar acechando en las sombras de tu dispositivo: el *malware*.

No importa cuántas capas de protección añadas a tus actividades de Bitcoin, un solo software espía que se infiltre podría revelar tus secretos a un hacker oculto. El software antivirus no es solo otra capa de seguridad — es tu sistema inmunológico digital, vital para repeler intrusos no deseados que pueden comprometer todo lo que has construido. Pero cuidado, no todos los programas antivirus poseen el mismo nivel de eficacia; algunos han filtrado datos o tienen fallos de seguridad.

Este capítulo se dedica a entender el *malware*, sus diversas formas, y cómo un antivirus de confianza puede ser el guardián de tu dominio digital.

Entendiendo el Malware

Malware, abreviatura de 'software malicioso', es cualquier software diseñado intencionalmente para causar daño a un computador, servidor, cliente o red. En el contexto de Bitcoin, el *malware* puede ser particularmente devastador — puede robar información de billeteras, interceptar contraseñas y, en última instancia, llevar a la pérdida de tus bitcoins.

Tipos de Malware

- **Virus:** Al igual que sus contrapartes biológicas, estos programas infectan archivos limpios y se propagan incontrolablemente, corrompiendo sistemas de archivos y a veces secuestrando funciones del sistema.

- **Troyanos:** Disfrazados de software legítimo, los Troyanos abren puertas traseras en tu seguridad para permitir la entrada de software malicioso adicional, o para dar acceso directo a un hacker a tu sistema.

- **Spyware:** Como su nombre sugiere, este malware te espía. Observa en silencio tus acciones, pulsaciones de teclado y datos — particularmente peligroso para un poseedor de Bitcoin.

- **Ransomware**: Este *malware* bloquea el acceso a tu sistema o datos, exigiendo un rescate, a menudo en Bitcoin, para restaurar tu acceso.

- **Adware**: A menudo menos malicioso, el *adware* rastrea tu historial de navegación y descargas con la intención de mostrar anuncios dirigidos. Sin embargo, puede degradar el rendimiento del sistema y ocasionalmente servir como punto de entrada para otro *malware*.

Manteniendo el Malware Alejado con un Antivirus

La función principal de un antivirus es detectar, poner en cuarentena y eliminar *malware*. Esta protección se extiende más allá de la simple exploración y eliminación. Las soluciones antivirus modernas están equipadas con análisis heurístico para detectar virus desconocidos y amenazas de día cero, proporcionando un enfoque proactivo para la detección de amenazas.

Funciones Adicionales de Antivirus

- **Cortafuegos (Firewall):** Supervisa el tráfico de red entrante y saliente, bloqueando accesos no autorizados e informando sobre intentos de brechas.

- **Anti-Phishing:** Identifica y bloquea sitios web fraudulentos diseñados para engañarte y hacer que ingreses información personal, como las claves de tu billetera de Bitcoin.

- **Bloqueo por Comportamiento:** Vigila comportamientos sospechosos típicamente asociados con *malware*, como la encriptación masiva e inesperada de archivos, indicando un ataque de *ransomware*.

- **Optimización del Sistema:** Algunos programas antivirus ofrecen limpiar tu sistema, eliminando archivos y aplicaciones no utilizadas que pueden ralentizar tu computadora.

Una Precaución sobre el Software Antivirus

Aunque promuevo los programas antivirus como una defensa crítica contra el *malware*, es crucial emitir una palabra de precaución: no todo el software antivirus es igual. Ha habido casos en los que los programas antivirus inadvertidamente se han convertido en el eslabón débil de la cadena, filtrando información a terceros o convirtiéndose en el punto de brecha que estaban diseñados para proteger debido a fallos de seguridad.

Por lo tanto, mientras te armas en esta batalla digital contra el malware, sé juicioso al seleccionar tu antivirus. La investigación es clave. Busca soluciones antivirus con un historial de seguridad robusta, reseñas positivas de usuarios y políticas de privacidad transparentes. Recuerda, tu software antivirus maneja datos sensibles—debería ser una bóveda, no un colador.

- **Consulta Reseñas Independientes:** Fuentes como AV-Comparatives[18] ofrecen análisis independientes de la eficacia del antivirus. Estas reseñas pueden ayudarte a tomar una decisión informada.

- **Evalúa las Políticas de Privacidad:** Asegúrate de que la política de privacidad del proveedor se alinee con tus expectativas de seguridad de datos y confidencialidad.

- **Considera el Código Abierto:** Hay herramientas antivirus de código abierto disponibles que pueden ofrecer más transparencia en sus operaciones y prácticas de manejo de datos.

La conclusión es clara: tener un antivirus no es opcional—es una capa de seguridad que es esencial en el panorama cibernético actual, especialmente para los usuarios de Bitcoin cuyas actividades digitales podrían atraer atención no deseada. Sin embargo, elige tu antivirus con la misma consideración cuidadosa que usarías para seleccionar una billetera para tu Bitcoin. Es un guardián de tu santuario digital y debe ser elegido con discernimiento y prudencia.

Resumen

El *malware* es una amenaza significativa en el paisaje digital, especialmente para aquellos involucrados en actividades relacionadas con Bitcoin. Un antivirus de buena reputación forma una defensa esencial, ofreciendo detección, protección y eliminación de software malicioso que podría comprometer tu privacidad financiera y seguridad.

Recuerda, tu antivirus debería servir como un centinela vigilante, equipado con un cortafuegos, herramientas anti-phishing y características de bloqueo por comportamiento para mantener segura tu travesía con Bitcoin.

En el mundo actual, donde las amenazas digitales acechan en cada esquina, tener un software antivirus confiable ya no es solo algo deseable; es absolutamente esencial.

CAPÍTULO 15

VPN

En nuestra era digital, mantener la privacidad y seguridad ajustadas es fundamental, especialmente para los entusiastas de Bitcoin.

Una Red Privada Virtual (VPN) es una herramienta esencial en el arsenal de cualquiera que busque proteger sus actividades en línea, incluidas sus transacciones de Bitcoin.

Este capítulo explora el funcionamiento de las VPNs, sus beneficios y cómo pueden ser aprovechadas para mejorar la privacidad y seguridad de los entusiastas del Bitcoin.

¿Cómo funciona una VPN?

Una VPN crea una conexión segura y cifrada entre tu dispositivo e internet. Esto se logra enrutando tu tráfico de datos a través de un servidor VPN, que oculta tu dirección IP y cifra tus datos. Este cifrado hace que tus acciones en línea sean prácticamente invisibles e ininteligibles para los externos, incluidos hackers, proveedores de servicios de internet (ISPs) y entidades de vigilancia. Esencialmente, una VPN sirve como un túnel protector, asegurando que tu uso de internet permanezca privado y seguro.

Beneficios de una Conexión VPN

- **Cifrado Seguro:** Con una VPN, tus datos están cifrados, requiriendo una clave de cifrado para descifrar. Este nivel de seguridad protege contra posibles ataques de fuerza bruta, asegurando que incluso los datos interceptados permanezcan ilegibles.

- **Ocultar tu Ubicación:** Los servidores VPN actúan como proxies, ocultando tu ubicación geográfica real. Al conectarte a un servidor en un país diferente, puedes enmascarar tu ubicación actual, dificultando que sitios web y servicios rastreen tus verdaderos paraderos.

- **Acceso a Contenido Regional:** Las VPN te permiten eludir restricciones geográficas, habilitando acceso a contenido y servicios disponibles solo en ciertas regiones.

- **Protección en Redes Públicas:** Las VPN son cruciales para asegurar tus datos en redes Wi-Fi públicas, que a menudo no están cifradas y representan riesgos significativos de seguridad.

Elegir la VPN Correcta

Para los usuarios de Bitcoin, la elección de VPN puede afectar significativamente su privacidad y seguridad. Dentro de la comunidad de Bitcoin, NordVPN[19] y IVPN[20] son altamente recomendados por su fuerte cifrado, políticas de no registros, y características diseñadas para mejorar la privacidad en línea. Al seleccionar una VPN, considera:

- **Política Sin Registros**: Opta por proveedores de VPN que no mantengan registros de tus actividades en internet, asegurando que tu comportamiento en línea permanezca privado.

- **Interruptor de Corte (Kill Switch)**: Elige VPNs con una función de kill switch, que bloquea todo el tráfico de internet si tu conexión VPN se cae, previniendo filtraciones de IP.

- **Bloqueo de Rastreadores y Malware**: Algunas VPN ofrecen características adicionales como bloqueadores de rastreadores y malware, mejorando aún más tu seguridad en línea.

Implementar VPN en Tus Actividades con Bitcoin

Para maximizar tu seguridad y privacidad al comprar, almacenar o gastar Bitcoin, siempre utiliza una VPN. Asegúrate de que la VPN esté activa en cualquier dispositivo utilizado para transacciones de Bitcoin, configurándola para bloquear automáticamente el tráfico si la VPN se desconecta. Esta práctica garantiza que tu dirección IP y actividades en línea permanezcan protegidas de la observación externa.

Resumen

Una VPN es una herramienta indispensable para cualquier persona involucrada en el ecosistema de Bitcoin, ofreciendo una robusta capa de seguridad y privacidad para las transacciones en línea. Asegura que tu información personal y detalles financieros se mantengan confidenciales, y te protege de la vigilancia y el análisis potencialmente invasivos por parte de terceros. Utilizar una VPN es crucial en entornos donde la seguridad de la red es incierta, como en Wi-Fi públicas, o en regiones donde la libertad en línea está restringida.

Mantener una VPN activa y operativa no solo protege tus actividades relacionadas con Bitcoin, sino que también asegura todas tus transacciones y navegación en línea.

Al considerar la selección de una VPN, siempre busca aquellas que prioricen la privacidad y la seguridad sin compromisos, permitiéndote navegar y transaccionar con tranquilidad.

En resumen, mientras el mundo digital sigue avanzando y el uso de Bitcoin se vuelve más común, la necesidad de protección como la que ofrece una VPN solo se vuelve más crítica. Asegúrate de que estás completamente equipado para enfrentar los desafíos de privacidad y seguridad en línea con una VPN confiable y robusta.

CAPÍTULO 16

Tor

En este capítulo, no nos adentraremos en el universo de los superhéroes ni los dioses nórdicos. En su lugar, exploraremos Tor[21], una herramienta que ofrece un nivel sin par de privacidad en Internet, algo que incluso Thor podría envidiar por sus capacidades de sigilo.

Bromas aparte, la esencia de Tor no se trata de manejar martillos míticos, sino de enrutar tu huella digital a través de un laberinto de servidores. Cada capa cifra aún más tus datos, haciendo que tus actividades en línea sean lo más privadas posible. Es como enviar un mensaje secreto a través de una red de túneles, donde cada giro y vuelta añade una capa extra de secreto.

¿Qué es Tor?

Tor, abreviatura de The Onion Router, es un proyecto de código abierto destinado a mejorar la privacidad y seguridad en Internet. Permite a los usuarios navegar por la web de forma anónima al encaminar su tráfico de Internet a través de una red mundial operada por voluntarios. Cada relevo en esta red añade una nueva capa de cifrado, parecido a las capas de una cebolla, de ahí su nombre.

El objetivo principal de Tor es proteger a los usuarios de la vigilancia que amenaza la libertad personal y la privacidad.

Beneficios

- **Anonimato:** Tor proporciona anonimato al disfrazar tu dirección IP, dificultando el rastreo de tus actividades en Internet.

- **Privacidad:** Impide que sitios web y rastreadores recopilen información personal sobre ti. Tus hábitos de navegación son solo tuyos.

- **Acceso a Contenidos Bloqueados:** Tor puede sortear la censura, permitiendo el acceso a sitios web y servicios en línea que podrían estar restringidos en tu país.

¿Cómo Funciona?

Tor emplea una técnica llamada enrutamiento cebolla. Aquí te lo explicamos de manera simplificada:

1. **Enrutamiento del Tráfico de Internet**: Tu tráfico pasa a través de al menos tres relevos seleccionados al azar en la red de Tor. Cada relevo descifra una capa de cifrado para revelar la dirección del siguiente relevo.

2. **Cifrado en Capas**: Al igual que pelar una cebolla, cada capa revela solo el siguiente destino, con la capa final descifrada por el último relevo, exponiendo el mensaje original sin divulgar su origen.

Este proceso asegura que ningún punto individual en la red pueda vincular el origen y el destino del tráfico, mejorando significativamente la privacidad.

Beneficios Específicos para Bitcoiners

Para la comunidad de Bitcoin, Tor no es solo una herramienta; es un escudo en un entorno donde la privacidad y la seguridad no son solo preferencias, sino necesidades. La integración de Tor dentro del ecosistema de Bitcoin ofrece varias ventajas clave:

- **Privacidad Mejorada para el Acceso a Billeteras**: Tor proporciona una capa vital de protección para los usuarios de Bitcoin cuando acceden a billeteras en línea, verifican la Mempool o interactúan con intercambios. Muchas de estas plataformas reconocen el valor de la privacidad y, por lo tanto, se han vuelto amigables con Tor, permitiendo un funcionamiento sin problemas a través de la red de Tor.

- **Billeteras Integradas con Tor**: En el mundo de las billeteras calientes, aplicaciones como Sparrow integran completamente su funcionalidad en él. Cuando operas estas billeteras, Tor es el guardián silencioso que trabaja en el fondo. Cada transacción, cada comprobación de saldo y cada actualización recopilan datos a través de la red de Tor, asegurando que todas tus actividades en la billetera estén enmascaradas y seguras frente a cualquier vigilancia externa.

- **Transacciones Seguras**: Cuando ejecutas una transacción de Bitcoin a través de Tor, estás añadiendo un velo de anonimato. Se vuelve exponencialmente más difícil para los observadores correlacionar las transacciones con tu identidad en el mundo real.

Esto es particularmente beneficioso para aquellos que se encuentran en jurisdicciones restrictivas o que desean mantener discreción financiera.

La implementación de Tor directamente en las billeteras calientes significa un compromiso con la privacidad que resuena profundamente dentro de la comunidad de Bitcoin. Es una declaración de que la privacidad no es solo un complemento, sino una característica fundamental, integral para la operación de estas billeteras y la tranquilidad de sus usuarios.

¿Necesito una VPN si uso Tor?

Usar Tor con una VPN añade una capa extra de seguridad y privacidad. Una VPN cifra todo el tráfico de internet desde tu dispositivo y oculta tu dirección IP incluso del primer relevo de Tor (nodo de entrada), mientras que Tor es solo un navegador web. Esta configuración ofrece varios beneficios:

- **Doble Cifrado**: Tus datos están cifrados por la VPN y luego nuevamente por Tor, ofreciendo una protección robusta contra la vigilancia y la interceptación de datos.

- **Anonimato del Nodo de Entrada**: La VPN oculta tu dirección IP real del nodo de entrada, proporcionando una capa adicional de privacidad.

- **Navegación Flexible**: Una VPN puede usarse para la navegación general en internet, mientras que Tor puede reservarse para actividades que requieran altos niveles de anonimato.

Resumen

Tor es una herramienta esencial para aquellos en la comunidad de Bitcoin que valoran profundamente la privacidad y la seguridad en sus actividades en línea. Este capítulo ha explorado cómo Tor, a través de su sofisticado enrutamiento en capas, ofrece una protección sin precedentes, permitiendo a los usuarios de Bitcoin operar con un anonimato casi completo. Además de proporcionar un refugio seguro contra la vigilancia y el análisis de tráfico, Tor también facilita el acceso a recursos en la *dark web*, los cuales pueden ser críticos para aquellos en regímenes opresivos o para aquellos que simplemente desean mantener un perfil bajo en internet.

Implementar Tor junto con una VPN proporciona una capa adicional de seguridad, asegurando que todas las actividades en línea, no solo aquellas relacionadas con Bitcoin, estén protegidas. Esta combinación fortalece tu capacidad para controlar tu propia información digital frente a adversarios potenciales, desde hackers hasta agencias gubernamentales.

En resumen, Tor no es solo una herramienta de privacidad para navegadores cautelosos; es un componente vital en la infraestructura de seguridad de cualquier usuario de Bitcoin que se tome en serio la protección de sus actividades en línea.

CAPÍTULO 17

Dispositivo Móvil Seguro

En la era donde la valoración de Bitcoin podría alcanzar la marca proverbial del millón de dólares, no solo los entusiastas celebran, sino que también atrae la atención de hackers y agencias de vigilancia equipadas con herramientas como Pegasus.

Si manejas todo desde tu dispositivo móvil diario, podrías igualmente enviar una invitación digital a tu bóveda de Bitcoin. Para salvaguardar tu futuro económico y el de tu familia, es crucial realizar tus transacciones de Bitcoin en un dispositivo móvil seguro—piensa en ello como una fortaleza digital para tu oro digital.

Los Peligros de Usar un Solo Dispositivo

El error común de gestionar Bitcoin en un dispositivo personal puede llevar a vulnerabilidades. Los estados y los hackers son cada vez más competentes en infiltrarse en dispositivos personales. A medida que el valor del Bitcoin aumenta, también lo hace el incentivo para que estas entidades indaguen en quién posee Bitcoin y cuánto.

Dispositivo Móvil Seguro

Un dispositivo móvil seguro funciona como una billetera fría, aunque ejecuta aplicaciones de billeteras calientes seguras. Aquí están las características que lo distinguen:

- **Sin tarjeta SIM**: No lleva una tarjeta SIM, evitando que esté vinculado a una identidad celular.

- **Sistema Operativo Android**: Funciona con un sistema operativo Android, conocido por su flexibilidad y características de privacidad personalizables.

- **Aplicaciones mínimas**: Además de una VPN y una billetera de Bitcoin, no se instalan otras aplicaciones, reduciendo la superficie de ataque para amenazas potenciales.

- **Opción eSIM**: Si el servicio celular es necesario, el uso de un eSIM anónimo proporciona conectividad sin comprometer la seguridad.

- **Apagado cuando no se usa**: El dispositivo permanece apagado excepto cuando se gestionan activamente transacciones de Bitcoin, limitando la exposición a ataques basados en la red.

- **VPN con Interruptor de Corte**: Una VPN con interruptor de corte asegura que si la VPN falla, todo el tráfico de red cesa, previniendo fugas de datos.

- **Billetera BTC**: BlueWallet, Electrum o Muun Wallet.

Primeros Pasos con un Nuevo Dispositivo

Al adquirir un nuevo dispositivo móvil, el primer paso es un restablecimiento de fábrica. Esto asegura un comienzo limpio, eliminando cualquier software preinstalado o posibles puertas traseras que podrían comprometer la integridad del dispositivo desde el principio.

Ir Más Allá con GrapheneOS

Para los conscientes de la privacidad, un teléfono Android promedio no es suficiente. Entra GrapheneOS[22], un proyecto de código abierto centrado en la privacidad y seguridad sin sacrificar la compatibilidad con aplicaciones Android. En un Google Pixel, que es conocido por sus actualizaciones de seguridad regulares, GrapheneOS proporciona la base ideal para un entorno móvil seguro.

GrapheneOS es la placa blindada en el mundo de los sistemas operativos móviles. No se trata solo de ser resistente por fuera; es tener una fortaleza desde dentro. El sistema operativo está diseñado para mitigar vulnerabilidades y reforzar la seguridad de las aplicaciones que se ejecutan en él. Es un testimonio de la creencia de que la mejor defensa es un buen ataque, proporcionando medidas de seguridad proactivas desde la base.

Resumen

Este capítulo ha delineado la necesidad y el plano para un dispositivo móvil seguro adaptado para transacciones de Bitcoin. Subrayó la importancia de un dispositivo dedicado, preferiblemente impulsado por GrapheneOS para una seguridad mejorada, equipado con una billetera de BTC robusta, y protegido por una VPN segura.

A través de estas medidas, puedes participar en transacciones de Bitcoin con tranquilidad, sabiendo que tu fortaleza móvil protege contra los ojos digitales curiosos del mundo moderno.

CAPÍTULO 18

Mix Networks - La Próxima Frontera del

Anonimato

Mientras los bitcoiners miran hacia el horizonte buscando avances en privacidad, las redes de mezcla se destacan como la vanguardia para el futuro de la anonimidad en línea. Estas redes representan una sofisticada combinación de dos robustas tecnologías para preservar la privacidad: el enrutamiento cebolla, conocido por Tor, y la mezcla, que recuerda a las técnicas de CoinJoin utilizadas en Bitcoin.

Al explorar el funcionamiento y los efectos de las *Mix Networks*, ten en cuenta que esto va más allá de simplemente aumentar los niveles de privacidad; se trata de crear un entramado tan detallado que las huellas de tu presencia digital sean prácticamente imposibles de detectar.

¿Qué son las Mix Networks?

Las redes de mezcla (MixNets)[23] elevan la privacidad en línea integrando procesos de enrutamiento cebolla y mezcla. Aprovechan el poder de la colaboración masiva: los datos de cada participante se entrelazan en un ballet digital, haciendo increíblemente desafiante para los observadores distinguir movimientos individuales (es decir, paquetes de datos). Cuantos más usuarios participan, mayor se vuelve el conjunto de anonimato, mejorando el velo de anonimato para todos los involucrados.

El Problema con el Enrutamiento Cebolla Tradicional

Aunque el enrutamiento cebolla de Tor ofrece una privacidad sustancial al cifrar datos y hacerlos rebotar a través de una cadena de nodos, su talón de Aquiles reside en sus puntos de entrada y salida. Un observador sofisticado con suficientes recursos podría teóricamente correlacionar el tráfico que entra y sale de la red, potencialmente desenmascarando las actividades de los usuarios. Aquí es donde las redes de mezcla intervienen para reforzar los baluartes.

Redes de Mezcla: Mejorando la Anonimidad con la Mezcla

Las Mix Networks mitigan los riesgos asociados con los nodos de entrada y salida incorporando una estrategia de mezcla. Al igual que las transacciones CoinJoin mezclan la asociación entre las entradas y salidas de Bitcoin, las redes de mezcla ofuscan la relación entre los datos enviados y recibidos a través de la red.

Los paquetes de datos que entran en la red de mezcla se barajan con otros, similar a barajar un mazo de cartas. Cada paquete está cifrado en capas y enviado a través de una serie de nodos. En cada nodo, los paquetes se recopilan, mezclan y envían en orden aleatorio, con variaciones de tiempo para complicar aún más el análisis de tráfico.

La Substitución de VPNs

Hoy en día, las VPNs son la solución predilecta para cifrar y enrutar el tráfico de internet para proteger la privacidad del usuario. Sin embargo, las VPNs todavía centralizan la confianza en el proveedor del servicio de VPN, lo que plantea riesgos si el proveedor está comprometido. Las redes de mezcla proponen un enfoque descentralizado, ofreciendo cifrado de extremo a extremo sin depender de un punto central de confianza.

- **Más allá de un navegador**: A diferencia de Tor, que se accede predominantemente a través de un navegador especializado, las redes de mezcla buscan proporcionar privacidad para cualquier tipo de comunicación por internet, convirtiéndose potencialmente en una alternativa integral a las VPNs.

- **Cifrado y anonimato universales**: Las redes de mezcla están diseñadas para facilitar no solo la navegación web sino todas las formas de comunicación digital, abarcando mensajería instantánea, correo electrónico y transferencias de archivos, envueltas en anonimato.

NymVPN – Privacidad de red descentralizada

NymVPN[24] es la primera aplicación comercial que opera sobre la red de mezcla descentralizada de Nym. Lanzada oficialmente en marzo de 2025, esta herramienta proporciona una protección avanzada de la privacidad al enrutar el tráfico de los usuarios a través de una red de nodos que ocultan metadatos y patrones de comunicación.

A diferencia de las VPN tradicionales, NymVPN utiliza credenciales anónimas basadas en pruebas de conocimiento cero (zk-nyms), lo que garantiza que los pagos por el servicio no puedan vincularse a la actividad de navegación del usuario. Estas credenciales permiten suscripciones mediante tarjetas de crédito, tokens NYM o Bitcoin, manteniendo la privacidad del usuario.

NymVPN ofrece dos modos de operación:

- **Modo Anónimo**: Utiliza el mixnet de Nym para proporcionar el máximo nivel de privacidad, ideal para usuarios que requieren un alto grado de anonimato.

- **Modo Rápido**: Basado en WireGuard, ofrece una conexión más veloz manteniendo un nivel significativo de privacidad.

La aplicación está disponible para múltiples sistemas operativos y continúa en desarrollo activo, con planes para incorporar características adicionales como túneles divididos, bloqueadores de anuncios y opciones de IP residenciales para streaming.

Resumen

En conclusión, las redes de mezcla representan un salto monumental en nuestra búsqueda de la privacidad y anonimato en línea definitivos. Al combinar las fortalezas del enrutamiento cebolla y la mezcla, las redes de mezcla prometen un futuro donde nuestras actividades en línea estén envueltas en una niebla de cifrado casi impenetrable.

Para los usuarios de Bitcoin, quienes valoran la privacidad como una faceta de su soberanía financiera, las implicaciones de las redes de mezcla podrían ser profundas, ofreciendo un santuario frente a la mirada invasiva de la vigilancia.

A medida que estas tecnologías maduran, anuncian una nueva era de privacidad digital, redefiniendo nuestra relación con internet y abriendo las puertas a un mundo donde nuestras vidas en línea son nuestras, protegidas de la vista por el equivalente digital de un enigma criptográfico.

EFICIENCIA
PARTE IV

BITCOIN PARA EL INDIVIDUO SOBERANO

Protege tu Riqueza del Robo y la Vigilancia

CAPÍTULO 19

Un Vistazo Más Cercano a los UTXOs

El contenido de una billetera de Bitcoin podría parecerse al de una billetera tradicional llena de billetes de dólar. Sin embargo, a diferencia de las monedas fiduciarias, cada moneda de Bitcoin, o más precisamente, cada Output de Transacción No Gastada (UTXO), lleva su propia historia y características únicas.

Este capítulo desglosará los detalles de los UTXOs de Bitcoin, sus implicaciones para los costes de transacción y la importancia de una gestión proactiva de los UTXOs. Imagina estar al borde de un futuro donde el valor de Bitcoin haya disparado a un millón de dólares; tanto estados como hackers están afilando sus herramientas. Tu gestión de UTXOs podría significar la diferencia entre la soberanía financiera y la vulnerabilidad.

El Funcionamiento Interno de los UTXOs

Aunque el saldo total en una billetera de Bitcoin proporciona una rápida instantánea de tu riqueza, no revela nada sobre la composición de esa riqueza en términos de UTXOs. Cada UTXO representa una suma discreta de Bitcoin que ha sido recibida y aún no se ha gastado. El tamaño y el número de estos UTXOs determinan no solo el coste de tus transacciones, sino también su privacidad y eficiencia.

Si comparas una billetera de Bitcoin con una billetera tradicional que lleva billetes de dólar, podrías pasar por alto las diferencias intrínsecas que hacen que cada 'moneda' en el ámbito digital sea única. A diferencia de las transacciones fiduciarias, donde cambiar un billete de $5 por cinco billetes de $1 no tiene más implicaciones, la red de Bitcoin ve cada transacción como distinta, cada una con sus propias implicaciones para la privacidad, la seguridad y el coste.

Una mala gestión de UTXOs puede llevar a una billetera fragmentada, donde hacer un pago considerable podría requerir ensamblar muchos UTXOs pequeños, incurriendo en tarifas sustanciales. La gestión efectiva implica monitorear no solo el saldo de tu billetera, sino también el tamaño y la cantidad de UTXOs que contiene.

Entendiendo los UTXOs

Imagina comprar una bebida que cuesta 10,000 satoshis. Si usas un solo UTXO valorado en 10,500 sats, pagarás una tarifa mínima y recibirás 100 sats de cambio. Sin embargo, combinar UTXOs más pequeños de 5,000 y 5,500 sats puede incurrir en una tarifa mayor debido al tamaño de datos incrementado de la transacción con múltiples entradas.

Gestión del Cambio y la Fragmentación

Un aspecto crucial de las transacciones de Bitcoin es el manejo del cambio. A diferencia del fiat, donde el cambio regresa a tu billetera indistintamente, el 'cambio' de Bitcoin crea un nuevo UTXO que regresa a una nueva dirección en tu billetera.

Sin una gestión adecuada, muchos UTXOs pequeños pueden congestionar tu billetera, resultando en tarifas más altas al agruparlos para una transacción debido a su tamaño de datos combinado.

Consolidación de UTXOs

En una billetera de Bitcoin congestionada con denominaciones pequeñas, la estrategia no es gastar como lo harías en el mundo fiat, donde podrías deshacerte del cambio suelto durante una compra. En cambio, es consolidar estos UTXOs más pequeños en otros más grandes cuando las tarifas de transacción, según el estado de la Mempool, son bajas.

Tarifas de Transacción de Bitcoin vs. Fiat

Una diferencia fundamental entre el dinero fiat y Bitcoin es cómo se determinan las tarifas de transacción. En la banca tradicional, las tarifas a menudo escalan con la cantidad transferida. Con Bitcoin, la tarifa se basa en el tamaño de datos de la transacción, calculado en satoshis por byte virtual (sats/vB), no en el valor del Bitcoin que se mueve.

Resumen

Es esencial no dejarse llevar por una falsa sensación de simplicidad por el saldo total en tu billetera de Bitcoin. Una gestión activa y estratégica de los UTXOs es clave. Consolidar regularmente tus UTXOs puede ayudar a mantener la eficiencia de la billetera y reducir los costes de transacción. Además, entender la composición de los UTXOs de tu billetera puede llevar a decisiones más informadas que se alineen con tus objetivos de privacidad y prioridades de transacción.

CAPÍTULO 20

Tipos de Monedas

Navegar eficientemente por la red de Bitcoin requiere un entendimiento matizado de los tipos de monedas, o Salidas de Transacción No Gastadas (UTXOs, por sus siglas en inglés), que posees. Cada UTXO lleva consigo un coste por movimiento— un coste que varía dependiendo del entorno de tarifas de la red.

Este capítulo desglosará las diversas categorías de UTXOs dentro de tu billetera y ofrecerá estrategias para su manejo, mejorando tu eficiencia transaccional y preservando tu privacidad financiera en el paisaje de Bitcoin.

El Coste de Mover Bitcoin

Cada transacción de Bitcoin incurre en una tarifa de red, con una transacción básica que consume típicamente al menos 141 bytes virtuales, lo que equivale a un coste mínimo de 141 satoshis a una tarifa de 1 sat/vB. Sin embargo, como la tarifa fluctúa con la congestión de la red, el coste de mover UTXOs se incrementa. Por ejemplo, a una tarifa de 10 sats/vB, una transacción básica cuesta 1,410 sats; a 100 sats/vB, se eleva a 141,000 sats.

El Impacto de los Costes de Transacción

La forma en que interactúan los valores de los UTXOs y los costes de las transacciones realmente puede afectar cómo utilizas tu dinero digital. Entender cómo las tarifas de la red moldean la utilidad de tus Salidas de Transacción No Gastadas (UTXOs) es clave para gestionar bien tu Bitcoin.

He clasificado los UTXOs según cómo reaccionan a las tarifas de la red, lo que puede ayudarte a planificar tus transacciones y organizar mejor tu billetera. Esta visión es especialmente útil cuando intentas aprovechar al máximo tu dinero para gastos futuros o cuando la red está ocupada, asegurando que los cambios sorpresa en las tarifas de la Mempool no te tomen por sorpresa.

- **UTXOs Muertos**: Estos son UTXOs cuyo valor es menor que el coste de la tarifa de transacción, lo que los hace inamovibles a las tarifas actuales. Por ejemplo, cualquier UTXO con un valor menor de 1,410 sats sería considerado 'muerto' a una tarifa de 10 sats/vB. Mientras que los UTXOs de menos de 141 sats pueden ser permanentemente inamovibles debido al tamaño mínimo de transacción, aquellos por encima de este umbral pueden resucitarse cuando la Mempool se despeje y las tarifas bajen.

- **UTXOs en Cuidados Intensivos**: Esto se refiere a pequeños UTXOs justo por encima del 'límite de polvo', la cantidad más pequeña de Bitcoin que puede ser transaccionada, actualmente establecida en 546 sats. El protocolo de Bitcoin puede no transmitir transacciones que involucren estos UTXOs de 'polvo', ya que se considera que aportan un valor insignificante.

- **UTXOs Ineficientes**: Estos son UTXOs donde el coste de moverlos se acerca o excede un porcentaje significativo de su valor, determinado por tu umbral personal para los costes de transacción. En un entorno de Mempool de 20 sats/vB, cualquier UTXO con un valor menor de 220,000 sats podría ser ineficiente.

- **UTXOs Eficientes**: UTXOs más grandes que pueden moverse sin tarifas desproporcionadas, manteniendo la fluidez y funcionalidad de tu billetera.

Gestión de UTXOs Pequeños y 'Muertos'

¿Hemos perdido los satoshis en los UTXOs 'muertos' para siempre? No necesariamente. Puedes combinar dichos UTXOs con otros en una única transacción o consolidarlos durante períodos de bajas tarifas para formar un UTXO más sustancial, listo para usos futuros. Sin embargo, consolidarlos apresuradamente durante períodos de altas tarifas puede llevar a costes excesivos.

Gestión Activa de la Billetera

La gestión activa es clave. Hacer un seguimiento meticuloso de los tamaños de tus UTXOs y consolidarlos según sea necesario puede asegurar la eficiencia de la billetera y prepararte para las condiciones futuras de la red.

Como discutiremos en capítulos posteriores, apuntar a UTXOs de un tamaño mínimo—considera, por ejemplo, 500,000 sats—puede equilibrar la eficiencia y la privacidad.

Entender y gestionar estratégicamente los diversos tipos de UTXOs en tu billetera de Bitcoin es esencial. No se trata solo de evitar tarifas exorbitantes, sino también de mantener la privacidad, ya que las transacciones más grandes pueden revelar información significativa sobre tus tenencias.

Una gestión activa y reflexiva de tus UTXOs te preparará para el éxito en el mundo siempre en evolución de Bitcoin, asegurando que estés listo para lo que pueda traer el futuro.

CAPÍTULO 21

Optimizando tu Billetera de Bitcoin

Una billetera de Bitcoin eficiente es como una máquina bien engrasada, lista para funcionar cuando se la necesita, con la mínima fricción o demora.

Este capítulo trata sobre asegurar que tu billetera esté preparada para la acción, de modo que cuando llegue el momento de gastar, las altas tarifas no te obstaculicen. Se trata de estructurar tu billetera con una mezcla estratégica de UTXOs, tanto grandes como pequeños, para acomodar transacciones de cualquier tamaño con rentabilidad y facilidad.

Optimización de la Composición de la Billetera

Imagina que tu billetera es un jardín, cada UTXO es una planta diferente, con diversas necesidades y usos. Para asegurar un ecosistema próspero, querrías una variedad diversa: algunos grandes, como árboles, para gran sombra o fruto, y otros pequeños, como flores, por su belleza y variedad. Por ejemplo, tener 1 BTC podría organizarse en un UTXO de 0.3 BTC para gastos significativos, un puñado de UTXOs de 0.1 BTC para pagos sustanciales, y varios UTXOs de 0.01 BTC para uso diario.

Estrategia de Cambio de Transacción

Gestionar el 'cambio' de las transacciones es un arte. Las pequeñas cantidades de cambio pueden agregarse a la tarifa, 'propinando' efectivamente a los mineros para evitar UTXOs de polvo, o dirigirse a un servicio como una plataforma de intercambio o una cuenta de Bitrefill, acumulando hasta que sea útil para una compra. Esta decisión debe tomarse al crear la transacción, no después del hecho, para evitar crear UTXOs muertos o ineficientes.

El Arte de la Consolidación

La consolidación es el proceso de combinar varios UTXOs más pequeños en uno más grande. Es como recoger guijarros dispersos para formar una roca.

Observar la Mempool durante períodos tranquilos revela un patrón de transacciones de consolidación que desaparecen cuando las tarifas aumentan, insinuando un juego estratégico de bitcoiners astutos que esperan ventanas de bajas tarifas para fusionar sus tenencias.

Consideraciones de Privacidad en la Consolidación

La consolidación no es simplemente un movimiento funcional; tiene implicaciones de privacidad. No se trata solo de combinar monedas; se trata de fusionar sus historias, pasadas y futuras.

Aquí hay escenarios donde la consolidación puede ejecutarse de manera segura:

- **UTXOs de Origen Único**: Si todos los UTXOs provienen de la misma fuente, como compras regulares de una estrategia de promedio de coste en dólares, la consolidación simplemente fusiona lo que ya está vinculado por un observador común.

- **Observadores de Confianza**: Fusionar UTXOs de fuentes diferentes pero confiables puede ser seguro, ya que la identidad del observador es conocida y no representa un riesgo.

- **Transacciones Privadas**: Participar en transacciones PayJoin con una parte confiable puede ser una forma discreta de consolidar UTXOs sin violar la privacidad.

- **Agregación Anonimizada**: Usar CoinJoin para fusionar UTXOs en monedas de valor uniforme, como varios UTXOs cada uno de 0.1 BTC, preserva el anonimato al tiempo que optimiza tu billetera.

Riesgos a Evitar

Consolidar sin un cuidadoso análisis puede poner en peligro la privacidad y, por extensión, la seguridad. Es particularmente peligroso mezclar monedas anónimas (aquellas adquiridas sin KYC o a través de CoinJoins) con monedas "etiquetadas", ya que esto podría exponer todo el conjunto a escrutinio y disminuir el anonimato logrado a través de CoinJoins o compras sin KYC. Además, fusionar los cambios de varias transacciones puede revelar inadvertidamente un vínculo de propiedad común entre esas transacciones. Tal patrón podría disminuir la privacidad que has procurado mantener.

Resumen

En esencia, este capítulo ha trazado un plan para crear una billetera que sea ágil para uso futuro y protegida en términos de privacidad.

Gestionar una billetera de Bitcoin es un acto de equilibrio entre prepararse para transacciones futuras y mantener el anonimato de tus fondos. Se trata de tomar decisiones inteligentes que respeten las sutilezas de las características de privacidad de Bitcoin mientras aseguras estar listo para la acción en un panorama de tarifas en constante cambio.

Recuerda que tu billetera no es solo un lugar de almacenamiento; es una herramienta estratégica que debe gestionarse con tanto cuidado y consideración como tus inversiones mismas.

CAPÍTULO 22

Control de Monedas

Gestionar tu saldo en Bitcoin no es solo cuestión de cuántos sats tienes, sino de cómo están organizados y qué historia cuentan. Cada porción de tu saldo tiene un pasado visible en la blockchain. Aprender a controlar qué partes usas y cuándo es una de las herramientas más poderosas que tienes para proteger tu privacidad y pagar menos tarifas.

El control de monedas —la capacidad de elegir manualmente qué UTXOs gastas— es el equivalente a escoger con qué billete pagas en un comercio, pero aquí, tus elecciones dejan un rastro público. Este capítulo se enfoca en cómo poner ese conocimiento en práctica, para que gastes de forma más eficiente y menos rastreable.

La Importancia del Control de Monedas

Seleccionar UTXOs no es solo cuestión de lo que tienes; se trata de gestionar cómo gastas para optimizar la privacidad y el coste:

- **Privacidad**: Al elegir cuidadosamente qué UTXOs gastar, puedes evitar vincular UTXOs con historias de transacciones diferentes, manteniendo así el anonimato transaccional.

- **Tarifas de Transacción**: Una selección más inteligente de UTXOs puede reducir el tamaño y el coste de tus transacciones, especialmente durante períodos de alta congestión de la red.

Cómo Funciona el Control de Monedas

Para usar el control de monedas, primero necesitas una billetera que soporte esta función. Una vez que estás en la pantalla de transacción:

1. **Activa el Control de Monedas:** Esto puede estar en los ajustes o directamente en la pantalla de envío.

2. **Selecciona UTXOs:** Verás una lista de UTXOs disponibles, incluyendo detalles como su tamaño y la cantidad de Bitcoin que representan.

3. **Elige Estratégicamente:** Basado en tus necesidades, selecciona UTXOs que optimicen la privacidad y la eficiencia de las tarifas.

- **Para Privacidad:** Elige UTXOs que se hayan adquirido de manera similar o alrededor del mismo tiempo para minimizar la vinculación de partes dispares de tu historial financiero.

- **Para Tarifas más Bajas:** Opta por UTXOs más antiguos y grandes cuando las tarifas sean altas, ya que estos son menos costosos de gastar en términos de satoshis por byte.

Control de Monedas y Tarifas de Transacción

Considera un escenario donde tienes una mezcla de UTXOs pequeños y grandes. Para evitar altas tarifas, podrías seleccionar un UTXO grande para una transacción en lugar de varios pequeños, reduciendo el tamaño en bytes de la transacción y, por extensión, su coste.

- **Consolidación de UTXOs:** Durante períodos de baja congestión de la red, fusiona UTXOs más pequeños en uno más grande para simplificar transacciones futuras y reducir tarifas.

- **Uso de CoinJoins:** Para mejorar la privacidad, utiliza el control de monedas para seleccionar UTXOs para participar en CoinJoins, ofuscando aún más su historia.

- **Etiquetado de UTXOs:** Una característica poderosa pero a menudo pasada por alto del control de monedas es la capacidad de etiquetar tus UTXOs. Esta funcionalidad te permite etiquetar UTXOs con descripciones personalizadas, recordándote sus orígenes, ya sean de transacciones específicas, ahorros o quizás fondos reservados para un propósito particular. Por ejemplo, si tienes un UTXO que proviene de una venta significativa de Bitcoin o un regalo, puedes etiquetarlo en consecuencia para asegurarte de recordar su importancia o para seguir la pista de UTXOs destinados a gastos específicos o metas de ahorro.

Aunque el etiquetado es una herramienta invaluable para organizar y optimizar el contenido de tu billetera, es importante recordar que estas etiquetas se almacenan localmente dentro del software de tu billetera. Esto significa que si alguna vez necesitas recuperar tu billetera usando la frase semilla, tus etiquetas no se trasladarán. La frase semilla restaura tu acceso a tus fondos regenerando tus claves privadas y, por extensión, tus UTXOs, pero no replica los elementos de la interfaz de usuario de la billetera o metadatos, como las etiquetas.

Buenas Prácticas para el Etiquetado y la Recuperación

Dada esta limitación, es prudente mantener un registro externo de tus etiquetas si juegan un papel crítico en tu estrategia de gestión de UTXOs. Esto puede ser tan simple como mantener una nota digital asegurada o tan sofisticado como una base de datos dedicada, dependiendo de tus necesidades y la complejidad de tus tenencias de Bitcoin. Sin embargo, asegúrate de que este registro externo se mantenga seguro y privado, ya que contiene información sobre tus transacciones financieras e intenciones.

El Poder del Etiquetado en Acción

Imagina que has dedicado ciertas porciones de tus tenencias de Bitcoin a diferentes objetivos: algunas para ahorros a largo plazo, algunas para donaciones caritativas y otras para gastos cotidianos. Con la ayuda del control de monedas en tu billetera, puedes asignar etiquetas a estos UTXOs, facilitando la identificación de los fondos que se utilizarán para transacciones específicas. Esto asegura que no uses accidentalmente tus ahorros a largo plazo para compras cotidianas. Además, el etiquetado puede ayudar en la gestión de la privacidad al ayudarte a rastrear qué UTXOs han sido mezclados o anonimizados y cuáles siguen vinculados a transacciones identificables.

Riesgos y Consideraciones

Si bien el control de monedas ofrece beneficios significativos, un uso incorrecto puede llevar a fugas de privacidad si se combinan UTXOs de fuentes drásticamente diferentes. Siempre considera el nivel de privacidad histórico de tus UTXOs al hacer selecciones.

Resumen

El control de monedas empodera a los usuarios de Bitcoin para tomar el control de su privacidad y tarifas en las transacciones, de manera similar a como un director de orquesta lidera una actuación armoniosa.

A través de la selección estratégica de UTXOs, puedes maniobrar sin problemas a través de la red de Bitcoin, asegurando el anonimato y minimizando los gastos de transacción. Como con cualquier técnica sofisticada, la maestría llega con la práctica y un profundo entendimiento de los principios subyacentes.

CAPÍTULO 23

Mempool

En la banca tradicional, cuando realizas una transacción, tus fondos entran en un estado de limbo financiero. Desaparecen de tu cuenta, aún no han llegado al destinatario, y te quedas esperando un resultado positivo.

Bitcoin introduce su propia versión de limbo, conocido como la Mempool, pero con diferencias distintas: está perpetuamente activo, es públicamente accesible y opera bajo reglas claras. A pesar de su importancia, la Mempool sigue siendo una de las invenciones más útiles, pero mal entendidas de Satoshi Nakamoto.

Banca Tradicional vs. Mempool de Bitcoin

En la banca tradicional, enviar dinero es a menudo un proceso opaco lleno de tarifas e incertidumbre, requiriendo confianza en intermediarios sin saber dónde están tus fondos o cuándo exactamente llegarán. En cambio, la Mempool de Bitcoin ofrece transparencia, permitiendo a los usuarios y a los mineros interactuar directamente, optimizando los costes de transacción y las recompensas de minería.

Cómo Navegan las Transacciones la Mempool

Cuando transmites una transacción desde tu billetera, viaja a través de la red Bitcoin hasta llegar a los nodos mineros. Al ser recibida y transmitida por el primer nodo, tu transacción entra a la Mempool, pendiente de procesamiento. Aquí, espera confirmación, visible como una transacción pendiente en la dirección de destino.

Usando un explorador de Mempool, puedes rastrear el estado de tu transacción, incluyendo sus tarifas, entradas/salidas y características.

La imagen anterior muestra una transacción no confirmada que se envió hace 9 horas. Se espera que sea incluida en la cadena de bloques dentro de los próximos tres bloques, lo que debería tomar aproximadamente 29 minutos. Esta transacción se realizó utilizando el formato SegWit y tiene una tarifa de 8.01 sat/vB.

Los mineros priorizan las transacciones basándose en las tarifas, construyendo dinámicamente bloques para maximizar sus ganancias. Por lo tanto, la posición de tu transacción en la cola puede avanzar a medida que se despeja la Mempool y las tarifas disminuyen, o puede retroceder durante períodos de actividad aumentada y tarifas crecientes.

Estimación de Tarifas

Al prepararte para enviar una transacción de Bitcoin, estimar la tarifa adecuada puede determinar qué tan rápido se confirma tu transacción. La Mempool proporciona datos valiosos sobre las tarifas a través de sus niveles de estimación, ayudándote a decidir cuánto pagar dependiendo de tu urgencia:

- **Alta Prioridad**: Si necesitas que tu transacción se confirme lo antes posible, consulta la tarifa media de las transacciones dentro del primer bloque de la Mempool. Esta tarifa apunta a la confirmación más rápida posible.

- **Prioridad Media**: Para aquellos que buscan un equilibrio entre coste y velocidad, la tarifa de Prioridad Media se calcula como el promedio entre la tarifa media del primer y segundo bloque de la Mempool.

- **Baja Prioridad**: Si tu transacción puede permitirse algún retraso, la tarifa de Baja Prioridad, promediada desde la Prioridad Media y la tarifa media del tercer bloque de la Mempool, ofrece una opción más lenta pero más económica.

- **Sin Prioridad**: Esta es la opción consciente del presupuesto para transacciones no urgentes. Se establece al doble de la tarifa mínima o a la tarifa de Baja Prioridad, lo que sea menor. Esta tarifa es ideal si estás dispuesto a aceptar un tiempo de confirmación potencialmente largo.

Es importante destacar que la Mempool ajusta su tarifa sugerida hacia abajo si los bloques relevantes utilizados para el cálculo no están llenos; por ejemplo, si el único bloque presente está por debajo de la mitad de su capacidad, se podría recomendar una tarifa mínima de 1 sat/vB. Estas estimaciones se basan en el estado actual de la Mempool y utilizan varias métricas para predecir futuras inclusiones de bloques. Sin embargo, los mineros pueden tener diferentes visiones de la Mempool y usar algoritmos de selección únicos, lo que hace que el contenido real de los bloques varíe.

Ten en cuenta que la naturaleza inherentemente impredecible de la red Bitcoin significa que las estimaciones de tarifas no pueden ser exactamente precisas. Trata las sugerencias de tarifas de la Mempool como una referencia útil, pero comprende que no ofrecen garantía alguna sobre el momento de las confirmaciones de transacciones.

Ajuste de Tarifas para Propósitos de Transacción

Cuando se trata de transacciones de Bitcoin, alinear la tarifa que estás dispuesto a pagar con la urgencia de tu transacción puede llevar a ahorros significativos.

Para transferencias a almacenamiento en frío, donde tu prioridad es la seguridad en lugar de la velocidad, optar por tarifas de baja prioridad, o incluso más bajas, suele ser el mejor enfoque. Dado que estos fondos están destinados para la tenencia a largo plazo, el tiempo de transacción es menos crítico, y puedes aprovechar tarifas más bajas durante períodos menos congestionados en la Mempool.

Por el contrario, para pagos activos—quizás para una compra sensible al tiempo o una obligación financiera urgente—la situación requiere un enfoque más rápido. En estos casos, apuntar a tarifas de prioridad media a alta aumentará la probabilidad de una confirmación rápida, alineándose con el nivel de urgencia que tienes para que la transacción sea procesada. Esta estrategia escalonada asegura que no estás pagando de más por transacciones que no son sensibles al tiempo, al tiempo que proporciona la flexibilidad para acelerar aquellas que lo son.

¿Dónde está Mi Transacción?

Si tu transacción permanece sin confirmar durante días o incluso semanas, no entres en pánico; tus bitcoins no están perdidos. Sin embargo, entender cómo proceder es crucial.

Las transacciones pueden ser purgadas de la Mempool, cancelándolas efectivamente y devolviendo los fondos a tu billetera sin coste. En algunos casos, las transacciones pueden permanecer en el limbo, pasadas por alto por los mineros.

Para retransmitir una transacción que se demora, puedes usar servicios como:

- mempool.space/tx/push

- blockstream.info/tx/push

Introduciendo el 'hex raw data' de tu transacción permite la retransmisión de la misma transacción.

Acelerando Tu Transacción

En caso de que quieras acelerar tu transacción, el mecanismo Replace-By-Fee (RBF) te permite emitir de nuevo una transacción con una tarifa más alta si permanece sin confirmar. Esto requiere una billetera compatible y un aumento de la tarifa de al menos 1 sat/vB. RBF es una herramienta poderosa para usuarios que necesitan confirmaciones oportunas, permitiéndoles ajustar la prioridad de su transacción dentro de la Mempool.

Resumen

La Mempool, la sala de espera única de transacciones de Bitcoin, ofrece un nivel de transparencia y control sin paralelo en comparación con la banca tradicional. Entender su mecánica—cómo rastrear, gestionar y potencialmente acelerar tus transacciones—puede mejorar significativamente tu experiencia con Bitcoin.

Cuando entiendes completamente estos conceptos, no solo estás intercambiando dinero; estás navegando un ecosistema con precisión informada, asegurando que tus transacciones sean confirmadas de manera eficiente y rentable.

NOTAS

---

[1] https://mempool.space/
[2] https://ff.io/
[3] https://simpleswap.io/
[4] https://bisq.network/
[5] https://hodlhodl.com/
[6] https://sparrowwallet.com/
[7] https://bitbox.swiss/bitbox02/
[8] https://www.ledger.com/
[9] https://coldcard.com/
[10] https://www.chainalysis.com/chainalysis-reactor/
[11] https://tron.network/
[12] https://peachbitcoin.com/
[13] https://www.bitrefill.com/
[14] https://www.xkard.io/
[15] https://bitcoin.org/bitcoin.pdf
[16] https://github.com/bitcoin/bips/blob/master/bip-0078.mediawiki
[17] https://sparrowwallet.com/docs/spending-privately.html
[18] https://www.av-comparatives.org/
[19] https://nordvpn.com/
[20] https://www.ivpn.net/
[21] https://www.torproject.org/
[22] https://grapheneos.org/
[23] https://en.wikipedia.org/wiki/Mix_network
[24] https://nym.com/

www.ingramcontent.com/pod-product-compliance
Lightning Source LLC
LaVergne TN
LVHW051705050326
832903LV00032B/4016